LA SPOLIATION

DES

CATHOLIQUES de l'ARDÈCHE

PAR

les RÉCENTES LOIS

Avec une Préface de M. H. de GAILHARD-BANCEL
député de l'Ardèche

1908

VIVIERS

IMPRIMERIE JOSEPH BOURG

INTRODUCTION

Voici une brochure qui vient bien à son heure, au lendemain du jour où ont été votées par le Parlement, et promulguées les lois relatives à la confiscation des fondations pieuses, si justement qualifiées par M. Grousseau, à la tribune de la Chambre, de *lois de brigandage public*, et à la veille de la date du 3 Mai, où vont être renouvelés tous les conseils municipaux de France.

Car c'est bien une loi de confiscation, de spoliation, de brigandage que cette loi ; faite en haine de Dieu et de l'Eglise contre les catholiques, qui sont pourtant la majorité en France. Mais hélas ! majorité divisée, majorité aveuglée par les préjugés, défiante de ceux qui l'aiment, pleine de confiance dans ses pires ennemis, à qui elle a livré le gouvernement du pays et qui la traitent comme des vainqueurs, au lendemain d'une guerre, ne traiteraient pas des vaincus !

Que les catholiques ardéchois, plus solides, grâce à leur foi éclairée et à leur énergie, que ceux d'autres régions, lisent les pages qui suivent : Ils y verront tout ce que leur prend cette loi impie, complément des lois sectaires qui l'ont précédée. Le bilan de la confiscation dans le diocèse de Viviers y est dressé paroisse par paroisse ; c'est la démonstration par des résultats locaux du caractère spoliateur de la loi. Ce caractère d'ailleurs ressort naturellement de ses conséquences générales, dont voici quelques exemples.

Une personne charitable avait donné un immeuble à la commune qu'elle habitait, à la charge par celle-ci d'assurer le logement du curé ou du vicaire. De par la loi nouvelle

LA SPOLIATION

DES

CATHOLIQUES de l'ARDÈCHE

PAR

les RÉCENTES LOIS

Avec une Préface de M. H. de GAILHARD-BANCEL
député de l'Ardèche

1908

VIVIERS
IMPRIMERIE JOSEPH BOURG

BIBLIOTHÈQUE NATIONALE

R.F.

IMPRIMÉS.

LA SPOLIATION

DES CATHOLIQUES DE L'ARDÈCHE

8 L k⁴
2741

la commune en conservant l'immeuble sera débarrassée de la charge ; elle ne sera plus tenue d'en faire jouir ceux en faveur de qui il lui avait été donné ; si elle consent à les y laisser, elle devra exiger d'eux un prix de location.

Il en sera de même, si c'est à la Fabrique que l'immeuble avait été légué ; et comme la Fabrique n'existe plus, la propriété, sans les charges, en sera transférée à la commune ou à un établissement public de bienfaisance, qui en disposeront à leur gré, sans pouvoir toutefois en faire bénéficier le curé ou le vicaire en vue de qui cependant avait été faite la libéralité.

Une somme d'argent avait été laissée à une Fabrique pour assurer, par exemple, le traitement du vicaire, d'un instituteur ou d'une institutrice libre ; une maison lui avait été donnée pour y établir une école chrétienne : somme d'argent et maison, comme dans le cas précédent, seront attribués à la commune ou à un établissement de bienfaisance, qui disposeront de la maison, sans doute pour en faire une école laïque, et de la somme d'argent pour donner des secours aux parents qui n'enverront pas leurs enfants à l'école libre.

Des conditions que le donateur avait mis à sa libéralité, il ne sera plus question ; le vicaire ne touchera plus un centime, l'instituteur ou l'institutrice libre non plus ; la volonté des morts, nettement exprimée, sera méconnue ; que dis-je ? elle sera outrageusement violée. N'est-ce pas, en effet, dans le cas que nous avons cité, pour assurer le bienfait de l'enseignement religieux aux enfants de la paroisse que cette école avait été donnée à la fabrique, et ne va-t-elle pas désormais être employée à faire la guerre à l'enseignement de la religion ?

Dans tous les pays civilisés la volonté des morts est considérée comme sacrée ; les lois en assurent le respect ; en France, sous la tyrannie du Bloc, c'est la loi elle-même qui la supprime et la viole.

Du moins les héritiers des donateurs vont-ils pouvoir

intervenir et demander aux tribunaux de protéger les derrières volontés de ceux qu'ils représentent, dont ils ont été peut-être les exécuteurs testamentaires ou les légataires universels ? Non ; c'est bien là, le droit commun ; mais les catholiques sont mis hors du droit commun.

Un grand nombre de tribunaux cependant, et plusieurs cours-d'appel l'avaient bien appliqué, depuis la loi sur la séparation, en décidant que tous les héritiers, sans distinction de degré, pouvaient demander la révocation des donations, dont les conditions n'étaient plus remplies. La loi nouvelle a coupé court à ces bonnes dispositions des tribunaux. Contrairement à toute justice, elle a exclu de ce droit les collatéraux, et sous le fallacieux prétexte qu'elle n'était qu'interprétative de la loi du 6 décembre 1905, sur la séparation, elle a donné un effet rétractif à sa décision. Seuls les héritiers directs pourront et même seront censés avoir pu, depuis le 6 décembre 1905, demander la révocation des donations pour inéxécution des charges. Les autres héritiers, les frères, les sœurs, les neveux, les nièces, les légataires universels sont dépouillés de ces droits pour l'avenir et même pour le passé. S'ils ont engagé des procès, si même ils les ont gagnés devant les tribunaux, tant pis pour eux, ils en seront pour leurs frais. Et comme le plus souvent ceux qui ont fait des libéralités pour le Culte, qui ont donné à l'Eglise, aux Fabriques, sont des prêtres, des religieux ou des religieuses, qui de par leur renoncement aux joies de la famille, n'ont pas des descendants, il s'en suit que neuf fois sur dix, personne ne pourra recourir aux tribunaux pour faire respecter la volonté des morts.

*
* *

Mais, dira-t-on peut-être, hier tout cela était vrai ; aujourd'hui, ce ne l'est plus ; le Sénat, en acceptant l'amendement de M. le sénateur Berger, a singulièrement amélioré la loi votée par la Chambre ; l'argent laissé pour faire dire des messes ne sera pas confisqué ; les messes pourront être dites.

C'est exact: mais pour une partie seulement : ainsi sur un legs fait à une fabrique pour faire dire des messes, on prélèvera la somme suffisante pour assurer la célébration de ces messes. Mais on confisquera le surplus. Mille francs, par exemple, ont été légués pour faire célébrer deux messes, on réservera cent ou deux cents francs dans ce but, et le reste sera pris. Au lieu d'être employés pour le Culte, et pour l'entretien de l'Eglise, pour les écoles libres, les huit ou neuf cents francs restant recevront une destination différente, parfois contraire, et la volonté du défunt n'en sera pas moins très largement méconnue.

« Avant la disposition Berger vous preniez tout maintenant vous restituez 10 %; il reste tout de même 90 % d'iniquité dans votre loi ». Ces quelques mots prononcés par M. Beauregard, à la Chambre, résumen admirablement toute l'économie de la loi.

Oui, à part les sommes destinées à faire célébrer des services religieux et le patrimoine des caisses de retraites pour les vieux prêtres, tout, il faut le répéter, tout est confisqué.

Confisqués, les dons faits pour assurer l'entretien ou la solennité des cultes ;

Confisqués, la maison destinée à servir de presbytère, le champ ou le jardin dont jouissait le desservant ou son vicaire ;

Confisqués, l'école libre qui avait été donnée à la fabrique, le petit capital qui assurait le traitement de l'instituteur ou de l'institutrice ;

Confisquées, les sommes laissées pour des œuvres de charité, pour des prédications, pour le traitement d'un vicaire ;

Confisquées, les bourses fondées pour l'entretien et l'éducation des séminaristes ;

Confisqués, les grands et petits séminaires. Voilà le bilan général de la loi de confiscation, et peut-être la liste des biens confisqués n'est-elle pas complète.

***

Mais de ces confiscations, de ces spoliations, qui donc est responsable ?

C'est le Pape, a dit et répété M. Briand, et disent et répètent après lui, les mille journaux blocards qui font écho à ses calomnies ; si le Pape avait accepté la loi sur la Séparation de l'Eglise et de l'Etat, s'il avait autorisé la formation des associations cultuelles, tout cela ne serait pas arrivé, l'Eglise aurait conservé la plupart des biens qu'on lui a pris et qu'on va lui prendre.

Singulière prétention en vérité, que celle de dire à quelqu'un : « *Tu vas faire ceci ou cela, et si tu ne le fais pas, je vais te dépouiller de tout ce que tu possèdes* », prétention vraiment extravagante ou plutôt criminelle, lorsque celui qui tient ce langage est le plus fort et demande à sa victime un acte que celle-ci n'a pas le droit d'accomplir.

C'était le cas ici, et pour montrer aux plus aveugles que le Pape ne pouvait accepter la loi de Séparation, nous n'entreprendrons aucune discussion théologique, aucune démonstration savante ; nous nous contenterons de faire appel au témoignage de quelques hommes hostiles ou étrangers à l'Eglise.

Le premier de ces témoins n'est autre que l'ancien président du Conseil, M. Emile Combes, de qui M. Grousseau à la Chambre et M. de Lamarzelle au Sénat, ont invoqué le témoignage contre l'audacieuse accusation du ministre des Cultes, en citant le passage qui suit de l'article publié par lui au lendemain de l'Encyclique, dans la *Nouvelle Presse* de Vienne :

Une grave erreur initiale, écrivait M. Combes, a été commise par les auteurs de la loi de séparation. Elle a eu sa source dans l'ignorance et la méconnaissance involontaire de la doctrine catholique. La fameuse théorie des associations cultuelles, qui sert de base, ou si l'on veut de pivot, à l'édifice légal, tel qu'il a été bâti par M. Briand, s'accorde mal avec les principes supérieurs de la croyance catholique....

Et, après avoir démontré que la loi de 1905 était le renversement de la hiérarchie ecclésiastique, il ajoutait :

Ainsi, nous pensons l'avoir démontré, le refus de Pie X d'adhérer à l'organisation des associations cultuelles prescrites par la loi de 1905, dérive de la conscience de ses devoirs envers l'Eglise.

C'est puérilité de le qualifier d'entêtement, de le mettre sur le compte du caractère de l'homme, quand l'homme lui-même est dominé et conduit par une doctrine non moins immuable qu'irrésistible.

Qu'est-ce à dire, sinon que M. Briand, d'après M. Combes, ne savait pas le premier mot des questions qu'il prétendait résoudre en docteur infaillible, et n'était qu'un enfant en croyant que le Pape allait approuver les associations cultuelles, en se figurant que l'Eglise s'en accomoderait jamais.

Presqu'au même moment où M. Combes témoignait ainsi en faveur de la noble attitude du Pape, un notable protestant étranger, M. Kuyper, ancien président du Conseil des ministres de la Hollande, adressait à M. Lacheret, pasteur de l'Eglise réformée, à Paris, une lettre ouverte dans laquelle il critiquait vivement l'accueil que les protestants de France avaient fait à la loi de séparation. Il est curieux, ce procès des associations cultuelles fait par un protestant ; je ne connais pas assez bien l'organisation intérieure du culte protestant pour apprécier la valeur des critiques adressées par M. Kuyper à ses correligionnaires de France. Mais ce que je sais bien, c'est qu'il ne pouvait mieux préciser les causes de la condamnation par le Pape des associations cultuelles. Il leur reproche tout d'abord d'être « des institutions pour l'exercice du culte », et il ajoute :

L'exercice du culte sera donc confié, dans une église réformée, non pas au Consistoire, mais à une association réglementée par l'Etat. Est-ce que, du moins, ces associations seront obligées de se soumettre dans leurs soins pour l'exercice du culte aux prescriptions et décisions du Consistoire ? Aucunement. La seule garantie offerte par la loi se trouve dans la stipulation de l'article 4, en vertu de laquelle « elles seront tenues de se conformer aux règles d'organisation générale du culte ». D'organisation générale du culte ! Quelle source intarissable de conflits et de discussions ! Et, en cas de conflit, à quel pouvoir compétent appartiendra la décision finale ? *Au Synode ? Non, au Conseil d'Etat !*

Remplacez les mots : Consistoire, Synode, par ces autres mots : curé, évêque, pape, et vous aurez un résumé aussi clair que précis des raisons qui ont dicté la condamnation pontificale : « En cas de conflit, à quel pouvoir compétent appartiendra la décision finale ? *A l'Evêque ? Non, au Conseil d'Etat !* »

Et, après avoir établi que « les caractères respectifs des associations cultuelles et de l'Eglise réformée » sont *absolument incompatibles et manifestement contradictoires*, M. Kuyper conclut en disant :

Ai-je donc dépassé les bornes de la modération, lorsque j'ai émis l'avis que les Eglises réformées de France, en acceptant l'association cultuelle, *ont vendu le droit d'aînesse pour le plat de lentilles.*

On ne peut vraiment mieux dire, et, s'il s'est trouvé un protestant de marque pour affirmer l'incompatibilité des Eglises réformées et des associations cultuelles, à combien plus forte raison cette incompatibilité apparait-elle plus complète, lorsqu'il s'agit de l'Eglise catholique, qui est essentiellement hiérarchique, où la discipline est singulièrement plus étroite et où la participation des laïques à l'exercice du culte n'a jamais existé ?

Mais il y a plus : un des grands corps constitués de l'Etat a été appelé à se prononcer sur un point particulier et très important de la loi de séparation, sur la situation faite au prêtre dans l'exercice de la mission d'enseignement, et qu'a dit la Cour de Cassation ? — car c'est d'elle qu'il s'agit ; — comment a-t-elle apprécié la disposition de la loi qui vise le prêtre parlant du haut de la chaire ?

Le tribunal de la Seine avait condamné M. le curé de la

paroisse de Saint-Augustin à 16 francs d'amende pour avoir invité ses paroissiens à s'enfermer dans un « deuil armé ».

M. le garde des sceaux était satisfait de la condamnation et même de son quantum, puisqu'il n'avait pas fait appel ; mais il était mécontent des termes du jugement, et il s'empressa de les déférer à la censure de la Cour de Cassation.

Le « considérant » visé spécialement par le pourvoi était celui par lequel le tribunal avait dit que « la loi sur la séparation apparaît comme une loi *d'exception, exhor-bitante du droit commun*, en ce qu'elle crée un délit spécial aux ministres du culte, *devenus pourtant*, par son effet, *de simples citoyens* ».

Sur un point secondaire, la Cour suprême donna satisfaction au garde des sceaux ; mais elle se refusa à supprimer le considérant que nous venons de citer, affirmant ainsi que la loi de séparation, cette loi libérale, s'il faut en croire M. Briand, est une *loi d'exception qui crée des délits spéciaux pour une catégorie de citoyens*.

Voilà les témoins qui se dressent dans le camp même de nos adversaires en faveur de l'Eglise et du Pape, contre les accusations de M. Briand et de ses accolytes, proclamant sous une forme différente la même vèrité, savoir : qu'il était impossible au Pape d'accepter la loi de séparation sans porter atteinte aux droits de l'Eglise qu'il a pour mission de sauvegarder.

** **

Non. Ce n'est pas le Pape qui est responsable des conséquences de ces lois sacriléges ; ceux qui en portent toute la responsabilité, ce sont ceux qui les ont votées, c'est-à-dire les sénateurs et les députés ; et cette responsabilité, les conseillers municipaux, qui ont nommé les sénateurs, les électeurs qui ont élu les députés, la partagent avec eux.

C'est pourquoi, à la veille des élections municipales, nous dirons aux électeurs qui vont y prendre part :

« Réfléchissez, prenez garde, c'est un acte grave que vous allez accomplir en votant : le vote engage votre conscience, vous en êtes responsables devant Dieu et devant le pays.

« Au moment de choisir ceux qui doivent être vos représentants dans le Conseil municipal, ne vous laissez pas influencer par les questions personnelles, les questions locales, les passions des partis. N'écoutez ni les sollicitations, ni les promesses, ni les menaces, ni la peur. N'ayez qu'une crainte, la crainte de voter pour ceux qui ont participé d'une manière ou d'une autre, comme électeurs ou comme élus, au vote de ces lois de confiscation, qui ont approuvé ou qui approuvent la spoliation de l'Eglise et se préparent à la consommer.

Catholiques ardéchois, au nom de vos consciences, au nom de votre honneur, ne vous faites pas par votre vote les complices de ces lois sacrilèges ! Que dans votre Vivarais, la terre de l'indépendance et du courage, les élections du 3 Mai soient une énergique protestation contre ceux qui veulent vous dépouiller vous-même en dépouillant vos paroisses.

H. DE GAILHARD-BANCEL,
Député de l'Ardèche.

AVANT-PROPOS

L'étude que l'on va lire ne porte que sur une petite partie des biens qui ont été enlevés aux Catholiques par les récentes lois de spoliation. Elle vise uniquement, en effet, les capitaux, terres et maisons dont le diocèse jouissait par l'entremise de la *Mense épiscopale,* et les paroisses par le moyen des *Menses curiales* ou des *Fabriques;* biens qui ont été séquestrés par l'administration, pour être ensuite attribués à d'autres collectivités, et affectés à d'autres destinations arbitrairement désignées par l'Etat.

Pour faire l'énumération complète de ce qui a été *volé* — le terme n'est pas trop fort — aux populations catholiques de l'Ardèche, il faudrait prendre plusieurs catégories nombreuses et diverses de biens et de revenus, généralement beaucoup plus considérables que ceux dont il est ici question.

D'abord, les *biens des Communautés religieuses, Congrégations autorisées et Congrégations non autorisées.* Tout le monde sait que ces propriétés ont été saisies par l'Etat et odieusement gaspillées.

Les liquidateurs seuls, avec leurs auxiliaires, et quelques acquéreurs de mauvaise foi opérant à vil prix, y ont gagné. Tout le monde, à part ces gens peu intéressants, y a perdu : non seulement les Frères, les Sœurs, les Religieux qui ont été dépossédés de leurs légitimes propriétés, réduits à la misère ou à l'exil ; mais la population catholique toute entière, qui profitait de toutes manières des services et des ressources des congréganistes.

Les malades et les infirmes qui étaient soignés par eux, les orphelins qu'ils nourrissaient, les enfants dont ils faisaient l'éducation dans leurs écoles, leurs pensionnats, leurs collèges, et les familles de ces enfants, n'ont-ils pas été frappés et spoliés, en effet, autant et plus que les congréganistes eux-mêmes, par la fermeture brutale, la saisie et la vente de leurs établissements ?

En second lieu, c'est *le Clergé* qui a été privé, par une véritable spoliation, du *budget des Cultes*, qui était une dette de l'Etat, représentant un faible intérêt des propriétés prises à l'Eglise de France sous la Révolution.

Cet engagement était écrit tout au long dans le Concordat ; il n'y en a jamais eu de plus exprès ni de plus sacré. En refusant au clergé français ces 45 millions qu'il touchait pour ses traitements et l'entretien de ses églises, le gouvernement du Bloc a fait une véritable banqueroute frauduleuse, dont les conséquences retombent directement et lourdement sur les catholiques.

En effet, ceux-ci ne sont-ils pas obligés de souscrire pour le *Denier du Culte,* pour faire vivre leurs évêques et leurs prêtres, pour payer les frais des cérémonies religieuses, pour entretenir les temples ? Leurs impôts n'ont pas été diminués par la suppression du budget des cultes, il est facile à chaque contribuable de s'en apercevoir ; et aux anciens impôts, chaque fidèle, riche ou pauvre, est obligé d'ajouter sa contribution volontaire pour le culte et le clergé. Ce sont donc bien *tous les catholiques qui sont atteints* par cette mesure de spoliation. Ils le sont également par une autre injustice encore plus odieuse, celle qui a mis la main de l'Etat sur les *églises et les presbytères.*

Les églises ont été, très souvent, bâties par les curés ou les conseils de fabrique, avec les souscriptions des catholiques. Lorsque l'Etat et les communes, dans une moindre mesure, sont intervenus dans leur construction, n'était-ce pas avec l'argent des contribuables catholiques, qui forment la grande majorité de la population française? Sous une forme ou sous une autre, cures et églises étaient donc le fruit des sacrifices et des efforts des fidèles, et ces édifices avaient une destination précise, dont personne ne pouvait légitimement les détourner.

Quand la Séparation a été prononcée, le gouvernement n'avait qu'une chose à faire s'il voulait être équitable. Il devait dire aux catholiques: Voilà vos églises, voilà vos presbytères; ils sont à vous, je ne m'en mêle plus; disposez-en comme vous l'entendrez.

Au lieu de cela, qu'est-il arrivé? Le gouvernement du Bloc s'est déclaré ou a déclaré les communes, sous son autorité, propriétaires des églises et des cures. Il a revendiqué le mobilier et les ornements; il a fait faire des inventaires sacrilèges pour en préparer la saisie; il a envoyé ses gendarmes et ses soldats forcer les portes des sanctuaires, violenter les braves gens qui protestaient. Il a fait dresser des *procès-verbaux pour délit de messe*, conduit en police correctionnelle les prêtres qui célébraient les offices dans ces bâtiments élevés par eux et pour eux. Finalement les églises sont aux communes, qui n'en laissent au clergé et aux catholiques que la jouissance précaire, par simple tolérance, en attendant qu'on les en fasse sortir. Quant aux presbytères, les curés et les paroissiens sont forcés d'en payer la location, à moins qu'on ne les mette dehors pour affermer à d'autres, comme cela s'est vu déja et se verra plus encore.

Tout cela est une spoliation et un vol: et qui en souffre? Ne sont-ce pas les catholiques, véritables propriétaires de leurs églises et de leurs cures, obligés de se cotiser non seulement pour entretenir leurs prêtres, mais pour les loger.

D'autres spoliations ont eu lieu encore. L'Etat avait

autorisé de nombreux dons charitables faits soit aux communes, soit aux bureaux de bienfaisance, avec charges de messes ou autres cérémonies du culte. Le gouvernement, avec une insigne mauvaise foi, a gardé l'argent des testateurs ou donateurs, mais il n'observe plus leurs volontés, et n'exécute plus les conditions qu'ils avaient expressément posées.

Mais pour relever toutes ces iniquités, il faudrait des volumes. Il suffit de les indiquer en bloc, car elles sont présentes à toutes les mémoires.

Ce que nous relevons ici, c'est donc entendu, ne constitue qu'une portion restreinte des iniquités légales qui ont été commises par le régime du Bloc. Ce sont les détournements effectués au détriment des paroisses et du élergé de chaque localité Vivaroise, détournements portant sur les revenns et propriétés solennellement garanties aux fabriques par tous les gouvernements qui se sont succédés en France depuis le Concordat. Beaucoup de ces biens remontent même plus loin, et la tourmente révolutionnaire, les Jacobins de 93 les avaient laissés à leur destination traditionnelle. Il était réservé à la Maçonnerie et au Radicalisme anti-clérical de faire pis, comme on le verra par cette incomplète énumération.

SYLVESTRE.

IMMEUBLES

APPARTENANT A LA MENSE ÉPISCOPALE

Commençons d'abord par la Mense épiscopale qui a été frappée comme les simples paroisses. On a pu voir, le 19 décembre 1906, Monseigneur expulsé de son évêché. Fort de son droit et résolu à ne céder qu'a la force, Sa Grandeur attendit qu'une sommatisn en règle lui fut faite. Le 18 décembre, le brigadier de gendarmerie de Viviers se présenta pour exécuter l'ordre d'expulsion qu'il avait reçu. Monseigneur absent, mais immédiatement prévenu, rentrait à Viviers, le lendemain mercredi, dans la matinée. Quelques heures plus tard se produisait une manifestation grandiose. Une foule énorme est massée dans la cour d'honneur de l'Evêché. Signalons le conseil municipal au complet, une élite nombreuse des notabilités catholiques de l'Ardèche, des étrangers en grand nombre, la population de Viviers presqu'entière.

Monseigneur apparaît sur le perron, acclamé par l'immense foule. M. Auguste de Lafarge, conseiller général, offre à S. G. les hommages de tous, et revendique pour les catholiques le droit de vivre libres, comme tous les autres citoyens, au milieu de la patrie qu'ils servent. Pratiquant les mêmes devoirs, supportant les mêmes charges, ils entendent avoir les mêmes droits. Il fait alors un saisissant tableau des indignes mensonges et des trahisons dont les catholiques ont été l'objet dans ces dernières années surtout... « Quand le mistral soufle en tempête, Monseigneur, le long de notre belle vallée du Rhône, il abat les feuilles et les branches mortes de nos vieux arbres ; [mais le vieux tronc résiste et, au printemps se revêt de nouveau de ses frondaisons rajeunies. C'est l'image de la liberté ;

malgré la violence des présents orages, le jour viendra, n'en doutons pas, où grâce à nos persévérants efforts, elle refleurira sur notre belle France...» L'auditoire coupait de ses applaudissements et de ses bravos presque chacune des phrases si énergiquement scandées du vigoureux orateur. Puis M. Jacquin, premier adjoint de Viviers, au nom de la ville ; M. Joseph de Malbos, au nom de la Jeunesse catholique ardéchoise ; M. Frédéric Combier, maire de Vals, au nom de la région de Vals et de Largentière, ont pris successivement la parole. Et, quelles paroles, chaudes, franches et fortes, toutes vivement applaudies par l'auditoire entier !

Monseigneur répond en quelques mots où déborde son cœur d'évêque, accueillis au cris répétés de *Vive Monseigneur ! Vive la liberté !* Puis il donne rendez-vous à la Cathédrale où un Salut solennel doit avoir lieu. Il quitte alors ce palais dans lequel il entrait, il y a trente ans, au milieu d'ovations enthousiastes.

Une foule de plus de 2.000 personnes — les hommes en très grand nombre — s'ébranle et se dirige vers la Cathédrale. Après le *Pitié, mon Dieu !* qui retentit entraînant, sous les hautes voûtes, Monseigneur monte en chaire. Il remercie la magnifique assistance de la manifestation qui vient d'avoir lieu. Non point que la mesure dont il est victime soit de celles qui l'attristent le plus dans les temps malheureux que nous traversons. Si Dieu n'était outragé, les droits de l'Eglise méconnus, et les institutions religieuses en ruines, Monseigneur eut abandonné sans regret l'un des plus beaux peut-être des palais épiscopaux de France.

Mais sommé de le quitter ou de n'y résider qu'à titre de locataire, il n'a pas hésité. Il devait à son caractère et à sa conscience d'abandonner une résidence que les évêques de Viviers, de leurs seuls sacrifices, avaient préparée pour eux et leurs successeurs. Il ne lui convenait ni de prendre en location sa propre demeure, ni de s'offrir un palais quand il allait tendre la main pour lui et son clergé.

Malgré la tristesse des temps présents, Monseigneur n'oublie pas de rappeler les puissants motifs d'espérance qui, même à cette heure, ne font pas défaut. Quelle admirable unité dans le Clergé de France ! Prêtres autour des Evêques ! Evêques autour de Pie X ! Certes, on a été injuste souvent à l'égard de l'episcospat. On l'a dit fonctionnaire et asservi ! Il ne le fut jamais ! Il fut condescendant et fit à la paix toutes les concessions non incompatibles avec la foi et les droits de l'Eglise. Mais arrivé là, il s'est arrêté et le Souverain Pontife a parlé.

Monseigneur remercie ensuite la famille généreuse qui lui offre une nouvelle demeure, solitaire comme il convient à une maison de travail et de prière, à l'abri de la cathédrale, l'église officielle d'un évêque, simple, et conséquemment selon ses goûts.

Après ce discours, écouté avec une impression de religieuse attention, la bénédiction du St-Sacrement est solennellement donnée. Puis, Monseigneur se dirige vers la maison où il résidera désormais, en plein air de liberté, marqué du noble signe de la persécution montrant que l'Eglise sait garder devant les puissants, malgré toutes les menaces ou toutes les violences, son indépendance entière et son honneur intact.

Nos Etablissements Religieux et Diocésains

Comme tous les diocèses de France, le diocèse de Viviers a vu ses principaux établissements religieux: Evêché, Grand et Petits Séminaires, atteints par les plus brutales mesures de confiscation, mesures qu'aucune légalité ne justifiera jamais, car suivant la parole toujours vraie : « Il n'y a pas de droit contre le droit. » De tels actes, s'ils tentaient de se produire dans ces pays libres que sont, par exemple, l'Angleterre on la

République Américaine, révolteraient toutes les consciences et soulèveraient un mouvement devant lequel le gouvernement ne tiendrait pas un instant. En France, nous sommes faits à d'autres mœurs. L'Etat est le maître absolu, l'idole malfaisante devant laquelle tous les droits peuvent disparaître et tous les fronts doivent s'incliner. Après plus d'un siècle, le mot célèbre de Madame Rolland, sous l'échafaud demeure plus vrai que jamais : « Liberté ! Que de crimes on commet en ton nom ! »

Nous ne revenons pas sur les prétextes soi-disant légaux mis en avant pour tenter de justifier ces mesures. Nous donnons seulement quelques notes sommaires sur chacun des établissements frappés. Elles permettront à nos lecteurs de se rendre un compte encore plus exact de l'iniquité commise.

L'Evêché

Le palais actuel de l'évêché fut construit en 1742, par Mgr François-Renaud de Villeneuve, évêque de Viviers. Le prélat, pour faire face aux frais nécessités par cette construction, dut vendre le château de Largentière, propriété de l'évêché de Viviers. En vertu du Décret de la Constituante, qui mettait les biens ecclésiastiques à la disposition de l'Etat, ce palais fut confisqué. Dix ans plus tard, le Concordat homologua cette aliénation, mais à la condition que le clergé reçut, à titre d'indemnité un traitement convenable. La rupture du Concordat et la suppression du budget des cultes annulent l'aliénation et confèrent à l'Evêque de Viviers comme à tous ses collègues, le droit de conserver les immeubles dont le gouvernement actuel veut les déposséder. La dépossession n'est donc ici, de quelques subterfuges qu'on la couvre, qu'un acte de brutale confiscation.

On a vu plus haut quelle belle et énergique protestation a fait entendre Monseigneur, et de quelles magni-
fiques démonstrations d'attachement et de respect il a
été l'objet, quand il a du quitter une demeure qui était
la sienne et qu'il a habitée pendant trente ans.

Le Grand-Séminaire

Construit en 1780 par Mgr. Morel de Mons, au moyen
d'un emprunt contracté personnellement par le prélat,
le Grand-Séminaire actuel fut, comme l'Evêché, confisqué sous la Révolution française et devint prison d'Etat
sous la Terreur. La *Semaine* a publié la longue liste
des prisonniers, membres du clergé en grand nombre,
qui y furent détenus.

La tourmente révolutionnaire passée, le bâtiment fut
mis en vente par le gouvernement en 1806 et acheté
par M. Vernet, prêtre de St-Sulpice et vicaire général
du diocèse, au prix de 22.500 francs. Par acte authentique, à la date du 3 juillet 1824, M. Vernet avait fait
don du Grand-Séminaire avec tous ses droits et dépendances au diocèse représenté par son Evêque. Le titre
de propriété est donc absolument indiscutable. Nous
laissons à nos lecteurs le soin de qualifier du nom qu'il
mérite l'acte qui vient de l'enlever, en attendant la
solution de questions d'ordre administratif ou conten-
tieux qui sont actuellement engagées.

Le Petit-Séminaire de Vernoux

Le Petit-Séminaire de Vernoux eût pour première
origine un modeste établissement d'éducation fondé à
Maison-Seule, propriété de MM. les prêtres de Saint-
Basile, située dans la paroisse de Saint-Basile, canton
de Lamastre. Transféré de là à Vernoux, il y fonctionna
mais d'abord, sans le titre officiel de Séminaire. En 1825,
envoyant le vénérable M. Chifflet pour curé dans cette

paroisse, Mgr Molin, premier évêque de Viviers depuis le Concordat, lui avait dit : « Allez, vous trouverez dans votre paroisse un petit pensionnat ; bientôt, s'il plaît à Dieu, vous vous réjouirez, vous et vos paroissiens, de voir s'élever en sa place un petit Séminaire ». C'était le rêve favori du pieux prélat, l'œuvre urgente en ce temps de reconstruction de l'Eglise de France. Il mourut sans voir ce rêve réalisé. Mais, grâce à la générosité des fidèles et du clergé, la maison s'agrandit, s'adapta plus pleinement à sa destination, et par une ordonnance royale en date du 14 décembre, sous l'épiscopat de Mgr Bonnel, le « petit pensionnat » de Vernoux fut {déclaré « Petit Séminaire ».

On sait quelle féconde pépinière de vocations sacerdotales a été, pendant près de quatre-vingts ans, le Petit Séminaire de Vernoux. En ce moment, tout enseignement y est suspendu, les professeurs dispersés, les élèves hors de leur chère maison. Les mesures seront prises pour sauvegarder l'avenir dans les conditions que permettront les circonstances.

Le Petit-Séminaire d'Aubenas

De fondation plus récente, le Petit-Seminaire d'Aubenas a été construit en 1850, sous l'épiscopat de Mgr Guibert, sur son initiative personnelle et sa direction. Ce fut une des œuvres que le vénéré prélat eut le plus à cœur et qui ne se réalisa pas sans difficultés. Il fut bâti grâce à la souscription du clergé qui s'élevait à 120.000 francs et à l'offrande de Mgr Guibert qui fut de 50.000 francs. De plus, des quêtes furent faites dans les églises du diocèse. On voit, par ces chiffres, combien est exorbitante et mal fondée la prétention de l'Etat s'attribuant la propriété de cet établissement. Une fois de plus, c'est la confiscation pure et simple.

Tout le monde connaît l'importance de ce bel établissement, les conditions exceptionnelles de solidité, de dispositions heureuses et de site, dans lesquelles il a été construit.

En terminant ces notes sommaires et cette nomenclature douloureuse, nous ne nous contenterons pas de répéter le mélancolique « *Sic vos non vobis* » du poète, nous redirons plutôt l'énergique parole de l'écrivain sacré : « *Lapides clamabunt* ». Oui, toutes ces pierres profanées, violées, volées, crieront l'iniquité, jusqu'au jour plus proche peut-être qu'on ne pense, où sonnera l'heure de la justice victorieuse et de la liberté reconquise.

ARRONDISSEMENT DE PRIVAS

ANTRAYGUES

La paroisse possédait une rente sur l'Etat de 9 francs — valeur en capital 270 fr. environ — qui a été saisie par l'Etat, et qui n'a pas encore été attribuée.

Cette rente avait été achetée avec le produit d'un legs fait par Olympe Maze, par testament reçu Me Doize, notaire, le 22 juin 1874. Cette donatrice abandonnait à la fabrique, sans lui imposer de charges spéciales, sa part dans une maison qui fut vendue ; remploi fut fait régulièrement en rente française.

Il n'y a pas d'héritiers directs ou indirects connus, en sorte que la spoliation opérée par le gouvernement s'accomplira sans obstacle.

ASPERJOC

La pauvre paroisse d'Asperjoc avait pour toute ressource, une rente française de 6 francs — 200 francs en capital — que les lois récentes viennent de lui enlever.

Par testament de 1887, reçu Me Comte, notaire à Antraygues, Pierre Reynet, décédé cette même année, légua à la fabrique cette somme afin d'assurer des messes pour son âme chaque année, au plein tarif diocésain.

Le Conseil d'Etat, le 28 août 1898, approuva cette donation.

Malgré cette approbation gouvernementale, malgré la volonté formelle du mort, comme pour tous les autres biens confisqués dont nous parlons dans cette notice, la fabrique d'Asperjoc a vu séquestrer son petit capital de 200 francs. Il sera donné soit au bureau de bienfaisance, soit à la commune, qui n'auront pas le droit d'employer en messes la totalité du legs, condition cependant indispensable. Le testateur a laissé un neveu, son légataire universel, mais celui-ci, par dérogation au droit commun, ne pourra reprendre ces 200 fr. qui demeureront en la possession d'un corps à qui son oncle ne les avait pas donnés, pour un emploi autre que celui présent.

AYZAC

Les biens séquestrés dans cette localité consistent en une petite terre de 34 ares 17 centiares, léguée par M. Blanc, curé de la paroisse, à ses successeurs par son testament de 1816, « *Je lègue*, disait cet ecclésiastique *à l'église d'Ayzac, toutes les propriétés foncières que je possèderai dans ladite commune au jour de mon décès, pour être jouies et possédées à perpétuité par les curés ou desservants de ladite église en sus de leur traitement, à la charge par eux de célébrer ou faire célébrer à perpétuité une grand' messe solennelle et deux messes basses pour le repos de mon âme* ».

La fabrique d'Ayyac n'existait pas à cette époque ; elle n'a été établie qu'en 1837. Elle a pris possession de cette terre et en a joui paisiblement depuis. La Cure jouit d'autres propriétés portées au nom de la commune, le jardin par exemple ; peut-être proviennent-ils aussi du legs de M. l'abbé Blanc.

La petite parcelle en question, portée au cadastre pour un revenu de 3 fr. 24, a été dévolue au bureau de bienfaisance d'Ayzac, et acceptée crainte de pire. Le testateur avait légué tous ses biens patrimoniaux à une de ses nièces, Mlle Marie Blanc, de St-Clément, près Pradelles. Nous ne savons s'il existe des héritiers, mais comme ils seraient en ligne indirecte, la loi votée pour faciliter la spoliation ne leur permettrait pas d'intervenir pour faire respecter les volontés de leur ascendant.

BAIX

La paroisse de Baix jouissait d'une rente annuelle sur l'Etat de 105 francs, qui lui a été confisquée. On parle de l'attribuer à un bureau de bienfaisance.

Cette rente provenait d'une donation de 3000 francs, faite par Mlle Vincent, et approuvée par décret présidentiel signé : Grévy, du 16 août 1880. Les charges consistaient dans l'obligation de faire célébrer en l'église paroissiale, tous les samedis de l'année, une messe basse pour le repos de l'âme de la testatrice et des membres défunts de la famille.

Il reste comme héritiers de la donatrice ses neveux et nièces, MM. St-Loup Vincent, à Baix, Vincent Pierre, capitaine de vaisseau, commandant *La Gloire*, à Casablanca, Vincent Isaïe, commandant d'artillerie, et Mmes Sanguinède à Nîmes et Dupuis à La Voulte, nées Vincent.

Signalons l'avidité avec laquelle les autorités protestantes de Baix se tiennent prêtes à profiter de la dévolution de ce capital, et l'impatience avec laquelle elles l'attendent.

BOURG-SAINT-ANDÉOL

L'Etat a séquestré, en se proposant de les attribuer au bureau de bienfaisance, 215 francs de rente française — en capital plus de 7.000 francs — appartenant à la paroisse de Bourg-Saint-Andéol. Voici quelle était la provenance de ces rentes :

171 francs représentaient une donation très ancienne faite par le sire de Bremond de Barjac, par testament du 28 août 1391, reçu Me Espiard, notaire au Bourg. Le capital représentatif du revenu légué avait été versé en 1902 par M. L. Volland, et employé en rente sur l'Etat avec approbation officielle, la même année.

44 francs en 3 % résultaient du rachat, effectué en 1895 et dûment régularisé en 1896, d'une rente perpétuelle de 75 francs constituée en 1818 par le testament de M. Volland, juge à Pierrelatte, acte reçu Mᵉ Chalamel, notaire au Bourg.

75 francs avaient été achetés avec la somme payée pour rachat d'une ancienne rente provenant de la famille Madier de Montjau, en 1880.

Enfin 35 francs avaient pour origine une donation de 1844 faite par M. Redon Marius.

Faute d'héritiers directs réclamant restitution de ces capitaux, la spoliation s'accomplira jusqu'au bout, sans autre obstacle que la réprobation des consciences honnêtes.

CHARMES

Cette paroisse mixte, où les influences protestantes dominent, présente plusieurs cas bien caractérisés de spoliation des catholiques, qui s'étaient imposés de grands sacrifices aujourd'hui perdus.

Par un sentiment de conciliation vraiment excessif, les catholiques de Charmes, confiants dans les promesses des autorités municipales, avaient mis sous le nom de la commune les diverses constructions élevées par eux pour leurs œuvres.

Un local leur avait été donné en 1828 pour une école de filles, qui devait être tenu par des Religieuses. Ce local fut réparé et agrandi à leurs frais à diverses époques, notamment en 1845 ; les approbations de l'Etat furent obtenues, et la propriété conférée à la commune avec engagement exprès de celle-ci, de faire jouir paisiblement et à perpétuité les catholiques de cet immeuble.

A partir de 1865, des souscriptions des paroissiens catholiques et de divers bienfaiteurs, entreprises par l'initiative du desservant, permirent de bâtir l'église et le presbytère, de créer auprès un chemin public, une place et des fontaines.

Tout cela a été confisqué et attribué à la commune, si bien que la population protestante, sans y avoir contribué en rien, en bénéficie aujourd'hui. Le curé n'est que toléré à titre provisoire dans son église, et il paye une location pour le presbytère construit de ses deniers et de ceux de ses paroissiens.

GLUIRAS

La paroisse de Gluiras possédait un titre de rente sur l'État de 42 francs, qui a été séquestré, et qui sera probablement attribué au bureau de bienfaisance de cette commune, en majorité protestante.

Le capital qui a servi à l'achat de cette rente, 1.250 fr., provenait d'un don fait par Mme Jeanne Malleval, veuve Mey, en 1885. Les héritiers indirects de la donatrice sont MM. Louis et Barthélemy Crouzet et Mlle Victorine Crouzet.

La commune de Gluiras est en majorité protestante, et les autorités locales semblent trouver tout naturel et parfaitement légitime de profiter d'un bien qui ne leur était pas destiné.

GOURDON

Dans cette localité, la commune avait reçu de M. Monnier, curé de la paroisse, par acte passé en 1850 chez M. Comte de St-Andéol-de-Bourlenc, une terre de la valeur de 1000 à 1200 francs, à charge d'en faire jouir les desservants, ses successeurs, à perpétuité et de faire dire des messes pour lui.

La commune, par ordre supérieur, s'est affranchie en grande partie de cette condition posée par le donateur, et affecte à d'autres destinations la terre léguée par l'abbé Monnier.

LA VIOLLE

En 1875, cette paroisse dut reconstruire son église, véritable cave, humide et tembant en ruines. L'embarras était grand, vu la pauvreté de la commune et des particuliers.

Le bon vouloir des habitants et les ressources locales n'auraient pas suffi, sans l'intervention charitable de nombreux bienfaiteurs du dehors, prêtres ou laïques, qui donnèrent largement, en demandant pour toutes conditions les prières du clergé et des fidèles de La Violle, et l'inscription de leur nom, après leur mort au nécrologe paroissial. Nous citerons seulement M. l'abbé Etienne, enfant du pays, ancien archiprêtre de Feyzin, chanoine honoraire de Lyon ; M. Bessas, curé du Pont-d'Aubenas ; M. et Mᵐᵉ Aubert, etc.

Ces considérations de justice sont néammoins comptées pour si peu aujourd'hhui, que la dépossession de la paroisse est un fait accompli, et que la nouvelle église est passée sans droit aucun, en la possession de la commune.

LANAS

Dans cette petite paroisse ont été confisquées aux catholiques par le sequestre :

1° Une maison, ancienne chapelle, dédiée à St-Eustache, dont jouissait depuis un temps immémorial le curé et par la suite la fabrique ; ainsi la fabrique représentait la collectivité des catholiquee de Lanas.

2° Une terre d'une contenance de 1 hectare environ, qui d'après la tradition aurait été donnée à la fabrique de Lanas, avant la Révolution de 1789, par Jeanne Rourissol, à la condition que le curé qui en jouirait dirait pour le repos de son âme six messes par an.

L'Etat se propose de remettre ces deux immeubles à la commune qui ne pourra les posséder sans une évidente injustice, puisqu'il s'agit, pour la maison, d'une construction élevée par les deniers du clergé et des catholiques d'autrefois, et puisque la terre a été donnée de même à l'église. La donatrice Jeanne Rourissol a des héritiers indirects, des enfants mineurs appartenant à l'honorable famille de ce nom ; il leur sera impossible d'après l'inique loi de dévolution, de faire respecter la volonté de leur parente ou de reprendre le bien qu'elle a laissé à la paroisse.

ROCHECOLOMBE

La fabrique de cette paroisse possède une parcelle de 37 ares 18 centiares, autrefois en vigne, et aujourd'hui en landes et pacage, rapportant 3 fr. par an. Cette parcelle faisait partie des biens ecclésiastiques d'avant la Révolution, restitués à la fabrique catholique en vertu de l'arrêté consulaire du 7 thermidor an XI.

Ce petit morceau de terre n'a pas échappé à l'avidité de l'Etat, qui l'a mis sous séquestre. Il est question de l'attribuer au bureau de bienfaisance de la localité, avec une évidente injustice.

SAINT-ANDÉOL-DE-BOURLENC

La confiscation est en train de frapper dans cette paroisse une terre appelée : *arpent de la cure*, dont les desservants de St-Andéol jouissaient sans trouble depuis fort longtemps.

L'origine de cette possession est inconnue. Les uns y voient une ancienne propriété ecclésiastique, restituée après la Révolution ; d'autres croient que le fonds a été acquis par M. l'abbé Fraysse, qui vint comme curé à St-Andéol en 1826, et laissé par lui à ses successeurs. Ce qui est certain, c'est que ce terrain primitivement en

landes et châtaigneraie, fut défoncé et planté en mûriers et en vignes par les soins et aux frais de cet
ecclésiastique. La vigne a disparu, mais les mûriers
subsistent et donnent à cette parcelle la plus grande
partie de sa valeur, estimée 1000 francs environ.

Aucune charge spéciale ne grevait ce petit bien, dont
les curés jouissaient, et que l'administration portait au
nom de la fabrique.

C'est par une véritable spoliation qu'il sera distrait
de sa destination traditionnelle.

SAINT-CIERGE-LA-SERRE

Le 24 janvier 1839, M. l'abbé Claudius Helme, curé
de cette paroisse, donnait à la fabrique deux immeubles,
dont il était propriétaire, consistant l'un en une maison
d'habitation, l'autre, en terres labourables et landes.

Cette donation fut acceptée par la fabrique, repré-
sentée par son trésorier M. Eugène Guiron, en vertu
d'une autorisation du Préfet de l'Ardèche.

M. le curé Helme avait acheté ces biens, en vue de
la destination qu'il leur donnait, la maison à M. Cha-
ponat de Saint-Cierge, et les terres à M. L. Fontbonne
de Flaviac, leur valeur était estimée alors à 1500 fr.

Malgré les prescriptions formelles de l'acte de donation, ces immeubles ont été séquestrés. La dévolution
n'en a pas encore été faite, mais la violation des intentions du testateur aura lieu certainement.

SAINT-DIDIER-SOUS-AUBENAS

Le recueil des actes administratifs a cité, comme
propriétés de la fabrique de cette paroisse rurale, mises
d'abord sous séquestre et finalement confisquées, une
maison et une terre (vigne, champ et jardin), ensemble
10 ares, 14 centiares. La maison est à 2 étages.

Ces biens furent donnés à la paroisse en 1872 par le P. Rouvier, religieux à la Chartreuse de Mougère dans l'Hérault, qui les tenait lui-même de la succession du P. Delerit, de la Grande-Chartreuse, dont il avait été, en 1855, le légataire universel. Les formalités légales ont été duement remplies, et un décret présidentiel est intervenu le 3 août 1872.

La valeur de ces biens peut-être estimée à 5 ou 6.000 francs. Ils furent destinés à l'église de St-Didier, qui est pauvre, et à l'éducation chrétienne des petites filles de la localité. Mais les lois maçonniques et l'administration ne devaient avoir aucun égard pour les volontés dernières du testateur.

Le Jeudi Saint de 1907, les institutrices libres qui faisaient la classe dans cet immeuble depuis 25 ans ont dû évacuer les lieux ; l'école libre a été supprimée. Le conseil municipal du Bloc, élu à une faible majorité, n'a pas hésité à demander ce local pour y installer une école communale de filles, et il l'a obtenu immédiatement. La dévolution a été faite au bureau de bienfaisance.

Il n'y a naturellement pas d'héritiers directs, et la loi sectaire votée récemment interdit l'action des héritiers collatéraux. C'est donc à *l'école neutre* que profitent les libéralités du religieux mort en 1872, et les catholiques de St-Didier ont dû faire bâtir, à leurs frais, une nouvelle école libre, qui a du reste recueilli la grande majorité des fillettes de la paroisse.

SAINT-FORTUNAT

Voici encore une paroisse mixte où les protestants sont les maîtres, et où ils applaudissent et collaborent à la spoliation des catholiques, après avoir mis soigneusement à l'abri leurs temples, leurs presbytères et les biens mobiliers et immobiliers de leurs églises.

La paroisse catholique de St-Fortunat possédait deux ressources assez restreintes : l'une consistant en une maison et dépendances, jardins, etc. ; l'autre en une rente sur l'Etat de 25 francs, soit 800 francs en capital à peu près.

La maison fut léguée par M. l'abbé Lortholat, curé de la paroisse, par testament authentique, reçu Me Johannenc, notaire, le 23 janvier 1872, *« à M. le curè de St-Fortunat, en sa qualité de curé, et à ses successeurs à perpétuité, toujours en cette qualité de curés de Saint Fortunat »*.

Le curé Lortholat, qui avait residé plus de 50 ans à St-Fortunat, avait consacré ses modestes ressources personnelles à acquérir le terrain dès 1862, et à faire bâtir la maison ensuite, en vue d'une école de garçons. Toutefois, il ne mit pas cette clause dans son testament, pour laisser ses successeurs libres d'user de son legs au mieux des besoins du temps.

SAINT-JULIEN-DU-GUA

A été mise sous séquestre une rente sur l'Etat de 14 francs, appartenant à la Fabrique paroissiale, capital 420 francs. Le gouvernement l'a attribuée au bureau de bienfaisance.

Ce capital provenait d'un testament de Marie Delaye de 1883, approuvé officiciellement en 1895. Les charges, fort légères, consistaient en une messe annuelle avec offrande de cierges, à perpétuité, et dans l'inscription au nécrologe paroissial pendant 50 ans.

La défunte ne laisse que des héritiers indirects, dessaisis, d'après la loi d'exception que l'on sait, de la faculté de faire respecter ses volontés dernières en revendiquant le legs.

SAINT-MARCEL-D'ARDÈCHE

La paroisse de Saint-Marcel a vu séquestrer par l'Etat 142 francs de rente française qu'elle possédait — en capital 4.800 francs à peu près.

Sur cette somme, un revenu annuel de 38 francs provenait d'un legs destiné à assurer à perpétuité 12 services religieux par an, d'après un legs de 1.200 fr. fait par testament olographe de M. Vernet, ancien curé de la paroisse, le 12 octobre 1834.

Une seconde rente sur l'Etat de 44 francs avait pour origine un legs de 1.000 francs de Mme la Marquise de Bernis, par testament de 1862. Les charges consistaient en 12 services mortuaires, un par mois, pour la testataire et son mari le Marquis Aimé-Raymond de Bernis.

Un troisième titre de 60 francs de rente représentait l'emploi de la vente d'un jardin de 32 ares vendu par la fabrique, avec autorisation préfectorale, en 1875, pour faciliter la création d'une place publique. La première inscription était de 90 francs de rente ; diverses conversions l'ont réduite à 60 francs. La terre vendue, dont les curés jouissaient depuis le Concordat, vaudrait aujourd'hui 2.400 francs.

Le Conseil municipal a accepté la dévolution légale, *avec les charges*, des deux premières rentes en faveur du bureau de bienfaisance. Il a également accepté pour le bureau la dévolution du troisième titre qualifié d'*obit.*

Les seuls héritiers directs sont les membres de la famille de Bernis, pour le deuxième legs.

SAINTE-MARGUERITE-DE-VALS

Dans cette paroisse, les catholiques s'étaient cotisés, en 1837, pour donner à leur curé, M. l'abbé Souteyran, les moyens d'acheter un jardin reconnu nécessaire.

Le 20 octobre de cette même année, en effet, le curé acquit par un acte passé chez Me Champanhet, notaire à Vals, un terrain de 200 francs dont il jouit ainsi que ses successeurs.

Ce jardin, acquis grâce aux sacrifices précuniaires des habitants de la paroisse pour l'usage de leurs prêtres, vient d'être mis sous séquestre, et recevra certainement une autre destination, mais non sans que les descendants des donateurs protestent contre cette odieuse violation de leurs droits.

SAINT-MICHEL-DE-BOULOGNE

Les biens prétendus appartenir à la fabrique de cette paroisse, et mis sous séquestre par l'Administration de l'enregistrement d'Aubenas, consistent en un terrain de 13 ares 91 centiares, dont la situation est très spéciale et tout à fait irrégulière.

Cet immeuble, actuellement séquestré, appartenait à l'ancienne fabrique, ou mieux à l'Eglise avant la Révolution. La Commune le vendit on ne sait à quel titre, le 16 mai 1851, lorsque l'église et le presbytère actuels furent construits sur le terrain de la famille Maurin. Cette construction fut faite des deniers de Mlle Clotilde Maurin, sans intervention de la commune et de la fabrique de Saint-Michel.

Récemment le Maire actuel, M. Champanhet, par esprit de malveillance, fit attribuer l'immeuble à la fabrique, dans le dessein d'en obtenir la dévolution au bureau de bienfaisance. Mais cette attribution et le séquestre qui s'en est suivi sont nuls de plein droit, puisque la mense curiale et la fabrique ne possédaient aucun titre valable pour revendiquer ces 13 ares 91 centiares.

En fait, la Préfecture a dû reconnaître le bien fondé

de cet exposé, et le curé a été laissé tranquille dans son presbytère, n'ayant de comptes à régler qu'avec le Dr Maurin, de Crest, héritier de sa tante Mlle Maurin.

SAINT-MONTAN

Par acte du 24 mai 1872, en l'étude de Me Pagès, notaire à St-Marcel-d'Ardèche, Mme Christine Jeanne Marie Roche, veuve de M. Laurent de Saint-Montan, donna 102 francs de rente à la fabrique de cette paroisse, sous condition de faire dire 51 messes par an, à perpétuité pour elle et sa famille. Le gouvernement accepta le 21 septembre 1872 la donation et les charges.

Par testament olographe du 18 juillet 1871, le marquis de Baljazet a laissé à la fabrique une rente de 42 francs pour l'entretien du culte catholique. L'acceptation officielle fut donnée le 12 août 1877.

Le conseil municipal de St-Montan, à qui dévolution a été faite de ces deux titres ayant une valeur totale de 4.800 francs environ, les a acceptés en principe, en promettant de s'acquitter des charges que comportaient les donations. Malheureusement, il ne le pourra peut-être pas toujours, malgré tout son bon vouloir. Mme Laurent a une héritière directe, Mme Constant née Laurent, qui très justement revendique la rente. Quant à l'héritier indirect du marquis de Baljazet, M. de Bernardy, de par la loi il est déchu de son droit naturel et commun de revendication, et il ne lui reste aucun moyen de veiller à l'accomplissement du désir formel exprimé par son parent.

SARDIGES

Cette modeste paroisse avait fait un effort considérable en construisant son église et son presbytère par les seuls deniers des habitants et de quelques bienfaiteurs du dehors, sans aucun secours de l'Etat, du département et de la commune de Mézilhac dont Sardiges fait partie.

Inutile d'ajouter qu'église et presbytère n'en ont pas moins été déclarés propriété communale ; que les catholiques n'ont qu'une jouissance précaire du sanctuaire, et que le desservant est obligé de payer un loyer pour la maison construite pour lui.

En dehors de cette iniquité, une autre a été commise par l'Etat en séquestrant une prairie appartenant à la fabrique, et connue sous le nom de *Prairie des bienfaiteurs défunts*.

Cette propriété dont l'unique charge était de maintenir perpétuellement les bienfaiteurs au nécrologe paroissial, avait été acheté en deux foix par la fabrique ; la dernière acquisition fut opérée en 1880. La surface est de 38 ares 93 centiares, et la valeur de 2.000 francs environ.

Le fisc, après avoir saisi cette propriété émet la prétention de la garder pour l'Etat, sans même prendre la peine de déguiser la spoliation.

VALS-LES-BAINS

La paroisse de Vals-les-Bains a vu mettre sous séquestre une rente sur l'Etat de 15 francs. — Valeur approximative en capital 450 francs.

Ce legs lui avait été fait par un habitant de la paroisse, acte Guibourdenche, notaire, en 1820, par lequel, Benoît dit Prieur, instituait dans l'église paroissiale la fondation de quatre grand'messes annuelles, à perpétuité, pour le repos de son âme.

Le Conseil municipal et le bureau de bienfaisance de Vals se sont honorés en refusant la dévolution de cette somme, avant d'être sûrs qu'il ne leur serait pas interdit de se conformer aux volontés du testateur.

ARRONDISSEMENT DE LARGENTIÈRE

LE BÉAGE

L'Etat a mis sous séquestre une petite propriété qu'un paroissien de cette localité, nommé Pierre Pons, domicilié au Pont, décédé le 29 mars 1699, avait légué par testament au curé du lieu, à la charge de dire pour le repos de son âme 9 messes chaque année, et de le nommer à perpétuité au nécrologe paroissial ainsi que ses parents défunts.

Le titre de donation s'égara pendant la Révolution, mais tous les curés qui se sont succédés au Béage, après comme avant cette époque, ont joui de cette terre sans trouble ni eviction, en se fondant sur la notoriété publique.

Le dernier cadastre, il est vrai, inscrivit ce fonds au nom de la fabrique, mais celle-ci ne s'en est jamais occupé, et le curé a continué à faire acte de jouissance en payant l'impôt foncier.

C'est donc par un abus criant et une injustice flagrante que la possession de ce petit domaine est enlevée par le gouvernement à son légitime détenteur. Malheureusement il n'existe plus d'héritiers directs ou indirects connus du légataire Pierre Pons, et tout moyen d'éviter la spoliation se trouve ainsi écarté. Le régime actuel commettra donc sans entraves une iniquité que les Jacobins de 1793, eux-mêmes n'avaient pas osé accomplir, et les catholiques du Béage ne pourront que protester avec indignation coutre ce vol légal.

BERRIAS

Le gouvernement a mis sous séquestre en énonçant l'intention de l'attribuer au bureau de bienfaisance, un titre de rente française de 81 fr. — valeur 2.800 fr.

environ — dont la fabrique de Berrias était propriétaire.

Cette rente avait été léguée par Mlle Hortense Arvieu,
par testament olographe de 1866, déposée en 1869, chez
Me Perrussel, notaire aux Vans. Le revenu devait servir
par les soins de la fabrique, *« pour l'école des petites
filles »*. L'approbation administrative, donnée en 1874,
a traduit les intentions de la donatrice en mettant :
« pour l'école communale de filles », version un peu
libre peut-être de la pensée de Mlle Arvieu.

La population de Berrias est unanimement indignée
de cette spoliation de l'enseignement catholique, qui
viole d'une façon cynique le droit de propriété.

LA BLACHÈRE

De temps immémorial, les curés de La Blachère
jouissaient sans contestation d'un terrain de 40 ares
06 centiares. Mise sous séquestre comme propriété
présumée de la Mense curiale, cette parcelle a été
revendiquée par le Conseil municipal qui se l'est vu
attribuer.

Il n'y a du reste, que nous sachions, aucun titre pour
personne, sauf la possession traditionnelle exercée par
les curés, laquelle aurait dû suffire pour établir leur
droit en l'absence de preuves du contraire.

BRAHIC

Cette paroisse avait la possession d'immeubles formant une superficie de 74 ares 20 centiares, et évalués
1.500 francs. Ils ont été séquestrés, et l'on parle de les
transférer au bureau de bienfaisance.

Parmi ces biens, une parcelle de faible valeur — 50
francs — a été donnée à la fabrique par M. l'abbé Garilhe, curé de Diency (Seine), le 19 octobre 1899. Le

reste était de temps immémorial, bien avant la Révolution, possédé et joui par la Cure ; les titres se sont perdus, mais le droit des desservants de Brahic sur ces biens s'est toujours exercé sans contestations.

Il était réservé au régime du Bloc de dépasser à cet égard les tyrans Jacobins de 93.

BRUJAS

Voici l'état des biens séquestrés par le fisc et appartenant a cette fabrique paroissiale :

Le 28 février 1848 — quatre jours après la Révolution qui avait renversé à Paris le trône de Louis-Philippe — devant Mᵉ Guez, notaire à Barjac, Jean-François Martin acquérait, par échange, d'Antoine Boyer, une maison avec ses dépendances, un coin de pré et une parcelle de terre, déclarés d'un revenu annuel de 60 francs.

D'autre part, J.-F. Martin vendait ces immeubles à Louis Martin dit Noé, trésorier et aux autres membres de la fabrique pour la somme de 3.000 francs payables en 5 annuités avec intérêts au taux légal, créance déléguée par le vendeur à M. Ollier de Marichard pour acquitter une dette.

La fabrique fit enregistrer l'acte et jouit paisiblement de l'immeuble, jusqu'à ce qu'en vertu de la législation spoliatrice actuelle le fisc mit sous séquestre la maison et les parcelles dépendantes. Depuis, attribution a été faite au bureau de bienfaisance, qui l'a acceptée « crainte de pire ».

Il est certain qu'il y a eu spoliation de la fabrique, et changement complet de destination, puisque les immeubles ont été transférés à un nouveau titulaire, et qu'ils ont été affectés à l'assistance, tandis qu'ils devaient servir pour le culte.

Le vendeur Martin a des héritiers directs, deux fils et une fille.

CHAPIAS

Les biens, meubles et immeubles de Notre-Dame de Chapias viennent à M. Pierre Sévenier, originaire de cette localité, curé de Valgorge, et de son successeur le curé Rivière.

L'abbé Sévenier, pour acquitter un vœu fait à la Sainte Vierge, qui l'avait préservé des assassins de 1793, fit construire à ses frais la Chapelle de N. D. de Délivrance ; puis à son décès il laissa tout son avoir à l'abbé Augustin Rivière, pour l'église et le pélerinage qui y avait été institué, et qui attire toujours de nombreux fidèles du Bas-Vivarais. Ceci se passait en 1841.

En 1859, l'abbé Rivière, se conformant à ses intentions, fit ériger Chapias en paroisse, et par testament reçu M° Vaschalde, notaire à Joyeuse, il légua tous ses biens, meubles et immeubles à la fabrique.

Le legs fut approuvés officiellement en 1872. Le décret dit que la commune, le bureau de bienfaisance et la fabrique *sont autorisés à accepter, chacun en ce qui les concerne, aux clauses et conditions imposées, les legs faits à ladite fabrique par le sieur Rivière Augustin, suivant son testament du 6 novembre 1868, et consistant : 1° en divers meubles et effets mobiliers et ornements servant à l'exercice du culte, d'une valeur approximative de 560 francs 25 ; 2° en une chapelle servant d'église paroissiale estimée 1.500 francs ; 3° en un terrain affecté au cimetière d'une valeur de 750 francs ; 4° en deux maisons et six parcelles de terre sur le territoire de la commune de Labeaume, d'une contenance totale de 3 hectares, 33 ares et d'une valeur approximative de 13.800 francs ; à la charge de laisser la jouissance des biens légués au desservant de la paroisse, qui devra célébrer chaque année à perpétuité 67 messes, et faire aussi chaque année le 2 novembre une aumône de 10 francs à tous les pauvres de la commune de Labeaume.*

Les propriétés, comme tous les immeubles du Bas Vivarais, ont perdu beaucoup de leur valeur. Mais tels quels, ils sont grevés de charges positives : 67 messes, une aumône, et la jouissance perpétuelle au curé de la paroisse.

Ces biens, après avoir été saisis et séquestré par le fisc, ont été offerts au bureau de bienfaisance de Labeaume, qui a eu la probité de les refuser, parce qu'ils avaient été donnés à la paroisse et qu'en les lui enlevant on commettait une spoliation à laquelle le bureau ne voulait pas s'associer.

Ces immeubles seront probablement vendus par le fisc. Le curé Rivière laisse plusieurs héritiers indirects, neveux, nièces, petits neveux qui en équité devraient pouvoir revendiquer l'héritage de leur oncle, les conditions du legs n'étant plus remplies.

CHASSIERS

Les biens appartenant à la paroisse de Chassiers, et mis sous séquestre par arrêté préfectoral le 14 décembre 1906, consistaient en 3 parcelles de terrain données à la fabrique en 1835.

Une maison à Chassiers qui a servi au vicaire pendant quelque temps, deux terres à Chassiers et une à La Vernade, commune de Vinezac, avaient été léguées à la fabrique par Mme Maigron, née Rey. Ayant fait son mari usufruitier, elle laissait après la mort de celui-ci 500 fr. au bureau de bienfaisance, 500 francs au desservant de Chassiers pour messes, et ses immeubles à la fabrique pour être employés en bonnes œuvres, notamment pour servir à coucher les pauvres dans sa maison.

En 1868, un décret impérial approuva ces legs. Les héritiers naturels ayant fait quelque oppositisn, le curé, le maire et la fabrique transigèrent en leur remettant 600 francs.

La maison fut vendue avec autorisation de l'Etat, en 1890. Sur le produit de 1160 francs, le bureau de bienfaisance reçut 600 francs, et 500 francs furent employés en réparation à l'église et à la cure.

Deux des terres furent affermées, et celle du Darbousset a été jouie par les curés successifs. Les 500 fr. donnés pour messes n'ayant pas été recouvrés, les desservants donnaient chaque année 25 francs pour des messes et prenaient en échange les produits de cette terre. S'ils étaient supérieurs à cette somme, cela tenait aux améliorations considérables faites par eux depuis 1863.

Il n'y a que des héritiers indirects auxquels on refuse le droit d'intervenir. La paroisse de Chassiers va donc perdre, contre toute justice, le bénéfice de la plus grande partie de la donation qu'elle avait reçue,

CHASTANET

Voici qu'elles étaient les propriétés de cette paroisse, séquestrées par l'Etat en vertu des lois d'exception et de spoliation que connaissent nos lecteurs :

1º Une parcelle de bois taillis d'une valeur de 150 à 200 francs, donnée à la fabrique par Mme Julie Deydier, épouse Bertrand, à condition de faire construire un autel dans l'église paroissiale. (Testament passé chez Mº Vaschalde, notaire à Valgorge ; autorisation gouvernementale en 1902.)

2º Une autre parcelle de terre où sont plantés deux châtaigniers, près de l'église. Elle fut acquise en 1850 par M. le curé Barial, M. Ovide de Valgorge et trois autres fabriciens, *les cinq acquéreurs*, dit l'acte, *procédant tant pour eux que pour les autres habitants de la paroisse de Chastanet, en leur qualité de membres de la fabrique*. La minute est chez M. Vialle, notaire à Valgorge. Le prix était de 100 francs.

3⁰ Un petit jardin donné en 1842 aux catholiques de Chastanet par Laurent Allègre, pour sa part de frais dans la construction de l'église paroissiale. La fabrique n'était pas constituée à cette époque, et il ne paraît pas qus cession régulière de cette parcelle lui ait été faite plus tard.

La petite terre cédée par Mme Bertrand n'avait pu encore être vendue pour la construction de l'autel lorsque le séquestre s'en est emparé.

Quant aux deux autres parcelles. elles n'avaient pas d'affectation spéciale, mais devaient servir généralement pour les besoins du culte catholique. La donatrice n'a pas laissé d'enfants ; ses sœurs et la fille de son mari d'un premier lit, ses héritières ne sont pas admises, en vertu de la loi d'exception votée par les Chambres, a reprendre le bien faute d'exécution de ses dernières volontés.

La dévolution devait être faite au bureau de bienfaisance de Valgorge, d'après les intentions de la Préfecfecture ; mais le conseil municipal a refusé d'accepter cette dévolution, estimant ne pouvoir exécuter les charges relatives aux immeubles.

GRAVIÈRES

La fabrique possédait un titre de rente française de 73 francs, dont elle a été spoliée par l'Etat.

Cette rente, représentant une valeur en capital de 2.000 à 2.100 francs provenait de deux testaments portant des legs en faveur de l'église de Gravières.

Le premier était celui de M. Alexis Martin, reçu Me Molines, notaire aux Vans le 29 octobre 1835, et portant l'article suivant : « *Je donne et lègue à la fabrique de la paroisse de Gravières la somme de 1.200 fr., à charge par elle de faire célébrer à perpétuité 12 messes par an pour le repos de mon âme* ».

Le second testament était celui de M. J.-M. Coulet,

reçu dans la même étude le 29 juin 1829, donnant 1200 francs, à charge pour ladite fabrique de faire célébrer aussi 12 messes par an pour l'âme du donatenr.

M. Martin a comme descendants directs 3 petites-filles habitant St-André-de-Capecèze (Gard ; M. Coulet 2 petits-fils, MM. Garilhe, l'un notaire à Gravières, l'autre habitant Marseille. Ces héritiers seraient, dit-on disposés à demander aux tribunaux l'exécution des volontés dernières de leurs aïeux respectifs.

LANARCE

La paroisse de Lanarce possède une parcelle de terre de 67 ares 20 centiares, achetée par le curé, par acte sous seing privé, de Louis Clauzon, pour une valeur de 300 francs.

Cette acquisition, faite le 1er juin 1874, n'a pas été soumise à l'approbation préfectorale ; la propriété est donc à titre privé. Le donateur est représenté actuellement par son neveu, M. l'abbé Plantin, vicaire à Burzet.

Espérons que ces circonstances spéciales permettront desoustraire l'immeuble en question à la rapacité du fisc.

PAYZAC

Cette paroisse avait la jouissance d'une maison à La Blache, utilisée par l'école libre des garçons. Cette construction ne renferme que deux salles, servant pour les classes ; les instituteurs sont logés dans une autre immeuble. Elle avait été mise à la disposition des catholiques de Payzac par une généreuse bienfaitrice, Mme Frédéric Payan, née Audiol. Les impositions étaient payées par le curé de la paroisse. Le liquidateur des Frères Maristes ne se fit point scrupule de revendiquer l'immeuble comme bien de la congrégation et de le mettre sous séquestre.

Heureusement Mme veuve Payan avait ses titres de propriété parfaitement en règle. Elle les fit valoir devant le tribunal civil de Lyon ; et celui-ci décida à l'encontre des prétentions du liquidateur, que Mme Payan était propriétaire de la maison et du mobilier. Le séquestre fut donc levé par le receveur de Joyeuse, et les impositions furent mises sur la tête du propriétaire.

ROCLES

La fabrique était propriétaire d'un pré de 48 ares 70 centiares, évalué 2.500 à 3.000 francs.

Ce pré avait été acheté par M. l'abbé Poncet, curé de Rocles, en 1854, afin d'entretenir un cheval qui lui était nécessaire pour l'exercice de son ministère. Il le paya 4.000 francs, et deux ans après, en 1856, étant tombé malade et ayant dû quitter le pays pour aller se faire soigner à l'hospice Saint-Jean-de-Dieu à Paris, il le céda pour 3.000 au conseil de fabrique.

C'est cette propriété, payée des deniers de la paroisse, que l'Etat a mise sous séquestre, pour l'attribuer à d'autres qu'à ses légitimes possesseurs.

SALAVAS

Commune mixte, où protestants et catholiques sont à peu près en pareil nombre. Seulement, au point de vue religieux, les premiers sont traités en privilégiés et les seconds en parias.

La paroisse protestante a gardé la disposition de ses immeubles et de toutes ses ressources. La paroisse catholique n'a que la jouissance précaire et provisoire de son église ; le curé paye la location de son presbytère ; enfin le séquestre s'est emparé de la seule propriété de la fabrique.

Il s'agit d'un petit immeuble de 9 ares 20 centiares, et évalué 600 francs dans l'acte de donation. Celle-cit fut faite par Mlle d'Alizon, par acte du 10 octobre 1834, reçu Me Valadier. de Vallon ; un décret royal du 13 décembre 1835, en prononça l'approbation.

Il est probable que l'attribution en sera faite au bureau de bienfaisance et qu'ainsi les protestants de Salavas bénéficieront injustement d'une libéralité réservée aux catholiques dans la pensée de celle qui l'avait faite.

SAINT-ETIENNE-DE-LUGDARÈS

En 1845, le desservant de cette paroisse reçut des habitants le don d'une parcelle de 4 hectares, 36 ares, en bois et landes, pour son usage et celui de ses successeurs.

Malgré le caractère exprès de cette destination, cette surface a été mise sous séquestre par ordre du gouvernement. L'attribution n'en a pas été faite jusqu'ici.

SAINT-PIERRE-DE-COLOMBIER

La maison coutigüe au presbytère de Saint-Pierre-de-Colombier, actuellement sous séquestre, fut léguée à la fabrique par M. Besson, ancien curé de cette paroisse, par testament de 1831, reçu Me Moulin, notaire à Burzet.

Après avoir déclaré laisser à ses trois sœurs la jouissance viagère de son immeuble, l'abbé Besson stipulait que la maison reviendrait après leur mort à la fabrique, et manifestait le désir que « *ladite maison fut destinée et employée à loger les filles dévotes et pieuses qui voudraient se livrer à l'éducation et enseignement des jeunes filles de ladite commune de Colombier* ».

Après la mort des sœurs du testateur, en effet, la fabrique prit possession du legs et paya les droits de succession. Elle en a joui jusqu'à ce qu'une loi spoliatrice l'ait privée de cette propriété légitime entre toutes.

LA SOUCHE

Le séquestre administratif s'est emparé d'un petit jardin et d'un champ attenant, propriété de la fabrique paroissiale de La Souche. La contenance est de 5 ares 90 centiares. Cette parcelle provenait d'un legs fait par M. l'abbé Deydier, ancien curé de la paroisse, par testament olographe du 1er janvier 1874 ; legs autorisé en 1886.

Cette donation avait une valeur de 357 fr. 50, et était faite à charge par la fabrique de payer à Mlle Bonnet, servante du curé Deydier, une rente viagère de 15 fr., de faire célébrer 6 grand'messes pour le défunt, et en outre 2 autres grand'messes après le décès de Mlle Bonnet, à perpétuité.

L'abbé Deydier est mort en 1882, sa servante vit encore.

Après avoir été séquestrée, cette petite terre a été offerte au bureau de bienfaisance. Celui-ci a refusé, en alléguant que les charges étaient trop considérables. Le conseil municipal consulté a approuvé le refus du bureau.

Le receveur, ne sachant que faire de la terre, a proposé au curé de la paroisse de la lui louer moyennant 15 francs, proposition inconvenante à laquelle cet ecclesiastique n'a répondu que par le silence.

Dans une lettre subséquente, M. le receveur demande à M. le curé si l'ancienne fabrique n'avait pas de dettes *Ces dettes*, répondit le prêtre, *consistent en 15 fr. de pension viagère et 6 fr. d'honoraires de messes, si elles ne sont payées, j'en laisse à qui de droit la responsabilité, et je ne saurais en tout cas prendre en location un bien dont la jouissance m'appartient légitimement.*

Sur ces entrefaites, Mlle Bonnet réclama ses 15 fr. au receveur liquidateur, qui paraît disposé à s'en acquiter en lui abandonnant la jouissance viagère de ce terrain dont il ne sait que faire.

Inutile de faire remarquer la double atteinte portée au droit de propriété, dans la personne du testateur dont les intentions sont méconnues, et de la paroisse privée d'un bien qui lui appartient incontestablement.

THUEYTS

Cette paroisse a été spoliée par le séquestre d'une rente sur l'Etat de 35 francs, représentant un capital approximatif de 1100 francs et d'une maison avec terrain attenant de 26 ares, et estimée 7 à 8000 francs.

La rente provenait d'un legs fait à la fabrique, par testament olographe, par Mme la Comtesse de Blou née du Bouchage, en date du 1er mai 1884 ; l'approbation officielle du legs eut lieu en 1888. Les conditions posées par Mme la Comtesse de Blou consistaient en 10 messes par an et l'entretien de la chapelle funéraire du Cimetière où se trouvait le tombeau de la famille.

La maison et ses dépendances servaient d'école libre. L'immeuble avait été acquis en 1840 par M. l'Abbé Bonnaure, alors curé de Thueyts. Il y installa les Frères de Viviers, congrégation enseignante d'hommes qui plus tard fusionna avec les Petits Frères de Marie. Par testament olographe de 1847, enregistré après son décès en 1847, il légua ces immeubles à Mlle Dumas, en religion, sœur Louise, supérieure du couvent de Thueyts. Celle-ci, à son tour, en fit don à la commune, ou à son défaut à la fabrique, si la commune ne pouvait ou ne voulait remplir les conditions indiquées. (Acte du 28 novembre 1850, étude Eschallier, à Thueyts.)

La principale de ces conditions était la suivante : *Elle (la commune) emploiera tous les immeubles à la tenue d'une école primaire pour les garçons de la commune sans que jamais elle puisse en distraire une partie quelconque pour lui donner une destination différente. Cette école devra toujours être dirigée par les Frères de l'Instruction Chrétienne de Viviers. Et dans le cas où elle cesserait d'être dirigée par eux, tous les droits de la commune sur les immeubles donnés seraient résolus de pleins droits et passeraient immédiatement à la fabrique de l'église paroissiale de Thueyts, qui serait maîtresse d'en disposer comme elle l'entendrait.*

Néanmoins, si les Frères de l'Instruction Chrétienne de Viviers, cessaient de diriger cette école parce que leur congrégation aurait été dissoute de quelque manière et pour quelle cause que cette dissolution eut lieu. la Commune conserverait le droit ou les mêmes droits sur les immeubles donnés, pourvu qu'un an après, au plus tard, elle remit la direction de l'école à une autre congrégation religieuse approuvé par l'Évêque diocésain, qu'elle continuât à perpétuité à la faire diriger par des membres d'une congrégation religieuse approuvé par le susdit prélat...

L'acte ajoutait : *Toutes les conditions ci-dessus imposées sont de rigueur, la donnatrice ayant déclaré que sans elles la donation n'aurait pas eu lieu..*

Il est clair que lorsque l'école des Frères de Thueyts a été laïcisée, la donnation devenait caduque et pouvait être regardé comme révoquée. Il est certain aussi que la rente léguée par Mme de Blou devait faire retour à sa famille.

Mais les bienfaiteurs n'ayant pas laissé d'héritiers directs, la spoliation de la paroisse de Thueyts n'en sera pas moins opérée par ce qu'on peut appeler un *vol légal.*

VAGNAS

Cette paroisse possédait : 1° une rente sur l'Etat de 24 francs, valeur en capital 800 francs ; 2° des droits sur le presbytère ; 3° des droits sur l'église paroissiale. Ces deux édifices ayant été principalement construits par les fonds de la fabrique ou les souscriptions des paroissiens.

La rente de 24 francs provenait d'un legs de M. J. B. Martin, qui par son testament de 1868, reçu Me Lauriol, laissait à son neveu J. L. Martin diverses terres, à charges par celui-ci de verser tous les ans à M. le Curé de Vagnas 50 francs destinés à faire dire des messes.

Ce legs fut autorisé par décret présidentiel de 1878, au nom des desservants successifs de Vayras, avec mention qu'en cas de rachat le prix serait placé en rentes sur l'Etat au nom des dits desservants.

Cette somme de 50 francs fut fidèlement versée par le légataire, puis après sa mort par ses enfants, et affectée à la destination qu'avait fixé M. J. B. Martin. Plus tard les héritiers, au nombre de 4, demandèrent à se libérer en donnant un capital qui fut fixé, par transaction avec le conseil de fabrique, à 800 francs. Un décret de 1893 autorisa le desservant de Vagnas à employer cette somme en rente française, dont le titre serait matriculé sous son nom et celui de ses successeurs: Ainsi fut fait.

Le conseil municipal consulté par le Préfet qui voulait attribuer cette rente au bureau de bienfaisance, s'est honoré en émettant un avis défavorable.

Par le même testament, Martin léguait en outre à la commune de Vagnas sa maison dans le bourg, soit pour servir de presbytère, soit pour être affectée à l'agrandissement de l'église.

Ce legs fut accepté en 1868 par la commune, autorisé par décret présidentiel de 1878. Mais la maison aurait demandé pour servir de cure des réparations qui furent jugées trop onéreuses. Le Conseil municipal, d'accord avec la fabrique, décida de la vendre et d'en affecter le prix à l'acquisition d'un autre immeuble plus convenable à cette destination.

La préfecture autorise la vente de cet immeuble et l'achat du presbytère actuel, cédé par M. Blachère, ancien député, pour 3.000 francs. La maison vendue avait procuré 1.000 francs, et la commune 2.000.

Il était dit dans l'acte d'achat que M. Blachère ne consentait à la cession de son immeuble qu'*à la condition expresse qu'il servirait toujours de presbytère et de mairie, conformément aux délibérations du conseil municipal et de la fabrique, aux termes desquelles, une ou deux pièces du rez-de-chaussée seraient affectées à la mairie, et le reste au logement du curé.*

Ces clauses si précises n'ont pas empêché l'administration de mettre la main sur le presbytère et d'obliger le curé à en payer la location.

Quant à l'église paroissiale, elle a été bâtie sur un emplacement acheté par la fabrique ; les dépenses furent de 32.000 francs, dont 6.000 versés par l'Etat à la caisse fabricienne, 1.000 donnés par la commune et le reste par des souscriptions volontaires.

Le clocher fut élevé en 1900 seulement, au nom de la commune, pour le prix de 6.000 fr., dont 500 seulement fournis par le budget communal, 1.600 francs par l'Etat et le reste en souscription des catholiques.

LES VANS

Contrairement à la presque totalité des paroisses ardéchoises, si pauvres en général, la fabrique des Vans possédait un capital relativement important : 1343 fr. de rente française, soit environ 45.000 francs, plus une petite vigne et un jardin valant ensemble un millier de francs.

Cette somme provenait de plusieurs legs, dont les principaux avaient été faits par deux ecclésiastiques : 24.000 francs par le chanoine Dumas, 8.000 francs par M. Saléon Terras, ancien curé des Vans. Une petite somme représentait les économies faites par la fabrique en vue de la construction d'une église.

Tout cela était en règle au point de vue des approbations officielles.

La plupart des donations avaient lieu à charges de messes. Les immeubles seuls étaient jouis par le clergé paroissial sans obligations particulières.

Ces biens ont été séquestrés, en attendant confiscation

définitive. L'opinion publique est unanime, aux Vans, pour flétrir ce vol légal qui prive les catholiques de ressources aussi importantes que légitimes.

VINEZAC

Voici le détail et les origines des biens séquestrés à Vinezac :

1º Une rente française de 44 fr., en capital 1.400 fr. environ, provenant d'une somme donnée par testament de M. Etienne Boyer, agent voyer, du 5 décembre 1876, acceptée et approuvée en 1879. L'argent avait été d'abord placé en 5 % et produisait 76 fr., les conversions en 4 % et 3 %, successivement imposées par l'Etat, ont réduit le revenu au chiffre actuel de 44 francs.

Ce legs fut fait par M. Boyer à charge de messes pour le repos de son âme.

2º Le jardin de la cure, avait été donné il y a fort longtemps aux curés de Vinezac par les seigneurs du lieu, MM. de Charbonnel, avec obligation de dire une messe par mois, à perpétuité. L'acte de donation se trouvait dans les papiers de famille du château, qui furent brûlés en 1793.

Toutefois une note signée de M. Laurac, ancien curé de Vinezac, en date de 1769, et conservée dans les papiers de la fabrique, dit textuellement ceci :

« *Le cure de Vinezac jouit encore, depuis un temps immémorial, de deux pièces de terre, chemin entre deux, situées derrière l'église de la paroisse. C'est une fondation faite par Messieurs de Charbonnel, anciens seigneurs de Vinezac, à la charge par lesdits curés de dire une messe par mois à l'autel de Saint-Jean à l'intention du fondateur. Nous n'avons pas l'acte qui établit la propriété en faveur du curé de Vinezac. Il est dans les papiers du château, et M. le comte de Vinezac nous a souvent dit qu'il nous le remettrait la première fois qu'il lui tomberait sous main ».*

Cette fondation a d'ailleurs été renouvelée dernièrement par une ordonnance de Mgr l'Evêque de Viviers, en date du 3 février 1898.

La famille de Charbonnel s'est éteinte il y a une quinzaine d'années en la personne de Mgr de Charbonnel, évêque *in partibus* de l'ordre des Capucins, mort à Lyon.

M. Boyer n'a pas laissé non plus de parenté pour faire respecter sa fondation, que Mgr Bonnet avait renouvelée égalemeni par ordonnance du 28 mai 1881.

Il est donc probable que la dévolution aura lieu sans obstable.

ARRONDISSEMENT DE TOURNON

ACCONS

M. l'abbé Riffard, ancien curé de Burzet, avait laissé par testament reçu Mᵉ Arnaud, notaire à Burzet, le 3 mars 1840, un immeuble de 400 francs, occupant un cadastre de 3 ares 80 centiares, à la paroisse d'Accons, son pays natal.

La donation était faite aux trois conditions suivantes: 1° payer l'impôt foncier ; 2° nommer le testateur au prône ; 3° dire pour lui une messe par an.

Cette libéralité fut approuvée par le Gouvernement le 11 juin 1847. Cet immeuble a été mis sous séquestre, et sera probablement dévolu au bureau de bienfaisance, sans souci des dispositions prises par l'Abbé Riffard.

Le donateur a un descendant indirect, M. Casimir Blanc, à Annonay, qui sera impuissant à faire respecter ses volontés dernières.

ANNONAY

La fortune de la paroisse Notre-Dame, la plus importante de la ville, comprend les articles suivants :

1° Une maison, la cure actuelle — d'une valeur de 12.000 francs, légué en 1890 par Mˡˡᵉ Duret, pour l'usage perpétuel du curé de N. D. et de ses successeurs, avec clause résolutoire en cas de désaffectation.

2° Un jardin et une maisonnette rue du jardin, légués par la même personne dans des conditions identiques. Valeur d'estimation : 5.000 francs.

3° Une maison, rue Boissy d'Anglas, valant 15.000 francs, léguée en 1870 par M. Ziversin, à condition de dire 100 messes par an et d'établir deux demi-bourses au collège Sainte-Barbe ou dans un établissement similaire.

4° Une autre maison dans la même rue, estimée aussi 15.000 francs provenant d'un don testamentaire de M. Baret en 1867, à charge d'en distribuer le revenu par les soins des marguilliers aux pauvres de la paroisse.

5° Une rente de 75 francs, provenant d'un don de 5.000 francs fait par Mlle Duret en 1855, pour 50 messes par an à perpétuité.

Il y avait en outre une maison place de la Liberté, donnée en 1811 par M. l'abbé Meynot à charge d'une messe par an à perpétuité. Cet immeuble venait d'être cédé par la fabrique à la ville, par convention relative à la nouvelle église. Le séquestre a été levé en faveur de la ville d'Annonay, qui a pris possession de la maison en vertu de ce traité régulier.

Tous les autres biens, formant une somme globale de plus de 50.000 francs sont encore séquestrés. Ils ont été offerts au bureau de bienfaisance, mais le conseil municipal d'Annonay, à l'unanimité, a repoussé cette dévolution injuste et spoliative : noble exemple donné par les représentants de la principale cité de l'Ardèche au reste du pays.

ARCENS

Les biens de la fabrique mis sous séquestre sont :

1° 195 francs de rente sur l'Etat soit un capital de 6.500 francs à peu près. Cette rente provenait d'une donation faite à la fabrique par Mme V^{re} Blanc de Molines née Chastanier, par testament olographe de 1811 aux minutes de Me Soulier-Lafayolle, notaire à Saint-Martin-de-Valamas, dûment enregistré avec approbation gouvernementale de 1850.

Les capitaux réalisés furent placés en rente sur l'Etat au nom de la Fabrique, à charge de services religieux (97 messes). Le revenu primitif de 200 francs fut réduit à 195 francs par quelques remises accordées à ses débiteurs devenus insolvables.

2° Une maison et dépendances données par Mlle Cotta, pour servir au logement des vicaires. Les titres sont perdus.

3° Une prairie de 25 ares 60 centiares, dite *prairie de la Cure*, léguée par le curé Lajonchière, par testament olographe de 1842, approuvé par décret de Louis-Philippe, à son successeur, et à tous les desservants d'Arcens à la suite à perpétuité ; valeur 1800 fr. Les charges étaient tous les ans un office solennel et 50 messes basses, réduites à 30 en 1848 par décision de de l'évêque de Viviers.

L'Etat a mis la main sur ces trois articles. La rente a été dévolue au bureau de bienfaisance, mais la commission administrative d'Arcens n'a accepté qu'à la condition expresse que le bureau acquitterait les charges de messes. La Préfecture n'a rien répondu à cette délibération, qui fait honneur au corps dont elle émane; mais elle a ouvert un crédit à cette fin dans le budget additionnel du bureau de bienfaisance.

Rien n'a été statué par le vicaire. Quant à la prairie de la cure, le receveur d'enregistrement du Cheylard l'a louée à un cultivateur de la commune ; les charges qui grevaient cette propriété ne sont plus acquittées.

Ainsi se trouvent odieusement méconnues les volontés des bienfaiteurs de la paroisse.

LA BATIE-D'ANDAURE

Ici, ce n'est plus une propriété de la fabrique qui a été mise sous séquestre, avec menace de confiscation définitive, par le gouvernement, *C'est une propriété privée !*

En effet, le fisc a mis la main sur un immeuble de 8 ares 40 centiares, qui n'appartient ni à la fabrique, ni à la mense curiale de La Bâtie, mais qui est à Mlle Sophie Blanc, domiciliée à Arcens, par héritage de son oncle l'abbé Blanc, ancien curé de cette paroisse.

Mieux avisé que l'administration supérieure, le Conseil municipal, consulté sur la dévolution de cet immeuble au bureau de bienfaisance, s'y est nettement refusé. Il savait, en effet, que ce serait usurper une propriété privée et s'exposer à un procès perdu d'avance.

BORÉE

Les biens de la fabrique mis sous séquestre par l'administration sont les suivants :

1º Une maison donnée avant la Révolution par une fille pieuse, pour le logement du vicaire. Les titres sont perdus ; les traditions, quelques déclarations des répartiteurs aux plus forts imposés, confirmées par plusieurs délibérations du conseil municipal en tiennent la place.

2º Une terre de 22 ares donnée au curé de Borée avant la Révolution, et constatée par un acte illisible. Cette donation a été faite à charge de 12 messes par an, réduites depuis à 5 par l'autorité judiciaire.

Il n'y a pas d'héritiers connus de ces donateurs morts depuis longtemps. Le conseil municipal, consulté par la Préfecture sur l'emploi de ces biens enlevés à l'église de Borée, légitime possesseur, n'a encore rien répondu.

CHALENCON

La paroisse de Chalencon était propriétaire d'une rente de 17 francs — environ 550 francs en capital. Cette modeste ressource provenait d'un don manuel fait à la fabrique par une pieuse veuve, Mme Marie Mey, née Malleval, don approuvé officiellement en 1889.

Les charges consistent en deux grand'messes des morts à célébrer à perpétuité, l'une en juin, l'autre en décembre, chaque année.

Mentionnons en passant que Mme veuve Mey, qui habitait Gluiras où elle est morte, a fait dans des conditions semblables don d'une rente de 42 fr., représentant 1.200 en capital aux fabriques paroissiales de Gluiras et de Bèauvènes, moyennant 4 services annuels.

La donatrice n'a laissé que des héritiers indirects. Son legs sera donc confisqué sans revendications possibles.

CHAMPAGNE

A été séquestrée par l'administration, dans cette localité, une rente sur l'Etat de 11 francs, soit en capital 280 francs environ:

La rente provenait d'une fondation faite par M. Antonin Floriol, curé de Champage de 1745 à 1766. Cet ecclésiastique fonda dans son église paroissiale trois grandes messes annuelles à perpétuité, moyennant le versement d'un capital de 180 livres.

Cette fondation cessa d'être servie, à la suite de la Révolution, pendant une trentaine d'années, C'est alors qu'une nièce du défunt curé, Mlle Floriol, religieuse au couvent de Beauzac, canton du Monastier (Haute-Loire), voulant faire revivre en quelque sorte la bonne œuvre de son oncle, donna à la fabrique de Champagne un nouveau capital de 250 francs, pour être affecté aux intentions de l'ancien fondateur. Ce don fut accepté par la fabrique, qui régulièrement autorisée plaça l'argent en rentes sur l'Etat, produisant en dernier lieu 11 francs.

Ce titre fut saisi, d'après ordre du gouvernement, le 26 octobre 1907, par le receveur de l'enregistrement de Serrières.

La commune de Champagne avait été en outre dotée d'un presbytère par Mme veuve Marie Elisabeth de Fay de Villiers, qui par testament, reçu M° Broyen, notaire à Andance, le 9 mai 1818, lui donna une maison à cet usage sous charge perpétuelle de 6 grandes messes, plus tard réduites à 8 messes basses.

Le conseil municipal de Champagne a toujours voté jusqu'à l'année 1907 inclusivement, les 15 francs représentant les honoraires de ces services religieux. Pourra-t-il continuer. Ce n'est pas absolúment sûr, quoique sa bonne volonté soit certaine, et que le maire l'ait promis expressément en déclarant qu'il s'y croyait obligé en honneur et conscience.

LE CHEYLARD

La paroisse du Cheylard était titulaire de 142 fr. de rente française, représentant 4800 fr. à peu près, qui ont été mis sous séquestre le 22 janvier 1906.

Cette rente provenait pour 102 francs de revenu de M. Charles Emmanuel Laforêt de Divonne, et pour 40 francs d'un donateur anonyme. L'emploi de ces fonds a reçu une approbation régulière en 1854 pour le premier titre, et en 1877 pour le second.

Les charges étaient pour M. Laforêt de Divonne de 51 masses basses, et d'une grand'messe ; pour l'autre de 16 messes dites à l'autel de la Ste Vierge.

La famille de Divonne, héritière du testateur, est fort nombreuse, et se propose, dit-on, de faire respecter les volontés du défunt. L'Etat a essayé sans succès d'attribuer au bureau de bienfaisance du Cheylard le capital dont la fabrique a été spoliée. Ce corps s'est honoré en refusant.

CORNAS

Par son testament olographe du 1er octobre 1861, l'abbé Louis Nicolas, curé de Cornas, donnait « *à l'Evéque de Viviers et au curé de Cornas, en leurs qualités respectives d'Evéque et de Curé* » une maison qu'il avait fait construire, sous les conditions, que l'immeuble et le mobilier seraient destinés à une école de Frères, et qu'au cas où l'on ne pourrait confier l'école à une com-

munauté religieuse, les biens seraient loués et les intérêts capitalisés, jusqu'à ce que l'établissement reçoive
sa destination ; en outre, une messe annuelle devait
être dite à perpétuité pour les testateurs. Approbation
fut donnée par l'Etat.

L'Evêque de Viviers et le curé de Cornas prirent possession de l'immeuble et respectèrent fidèlement la volonté du défunt. La valeur de l'immeuble est actuellement de 12.000 francs.

Or, aujourd'hui, le gouvernement a mis les locaux
sous séquestre, en attendant de les attribuer à de nou-
veaux titulaires qui leur donneront une autre destination ; et l'héritier du défunt, M. Nicolas, curé de Saint-
Barthélémy le Meil, n'aura, grâce à la nouvelle loi
d'exception, aucun moyen de revendiquer le legs.

Ah ! si au lieu d'imposer la condition de faire élever
chrétiennement les enfants du peuple, M. le Curé de
Cornas avait donné cette maison à condition d'en faire
un chenil et d'y élever des braques de race pure ou des
épagneuls sélectionnés, il en serait autrement. Les héritiers auraient le droit de reprendre l'immeuble, pour
inexécution des charges.

Ce contraste fait sauter aux yeux l'injustice des nou-
velles lois d'exception.

DEVESSET

La paroisse de Devesset vient d'être dépouillée d'une
maison et d'un jardin attenant, de 6 ares 95 centiares,
valant une dizaine de mille francs.

En 1840 l'ancienne église brûla ; c'était la chapelle du
château de Devesset. A ses frais personnels, M. l'abbé
Souchon, curé de la paroisse, acheta un terrain à Pierre
Charron et y fit bâtir une maison qui servit au culte
pendant plusieurs années, jusqu'à l'achèvement de
l'Eglise actuelle.

L'Abbé Souchon, devenu curé de Bonnevaure (Gard)
fit donation, le 29 janvier 1859, par acte notarié, passé
chez Me Reboul, notaire à Bordezac, canton de Genholac,
de sa maison et de son jardin à la fabrique catholique
de Devesset, pour servir exclusivement d'école catholique de filles. Malgré cette clause formelle, l'immeuble
qui a été mis sous séquestre va être dévolu très probablement à la commune qui se propose d'en faire une
école publique, et ce sera probablement une institu-

trice protestante qui sera appelée à donner l'enseignement dans cette maison, donnée par un prêtre à la
paroisse catholique, à la condition expresse que les
jeunes filles la fréquentant seraient élevées par des
institutrices catholiques.

On ne peut se moquer plus outrageusement des
volontés sacrées des morts. M. l'abbé Souchon a des
neveux, mais de par la loi de dévolution, ils ne sont pas
admis à reprendre l'immeuble, bien que les clauses du
legs ne soient nullement respectées.

A côté de cette spoliation, le gouvernement en
accomplit une autre. Il s'agit d'une terre importante,
valant 7.000 francs, donnée par Pierre Delabre, à la
fabrique catholique de Devesset le 17 novembre 1877,
par acte passé chez Mᵉ Adrien Garde, notaire à Roche-
paule.

Ces deux donations avaient été acceptées par le gouvernement comme toutes celles que nous énumérons du
reste; il est plus que certain que MM. Delobre et
Souchon comme tant d'autres auraient repris leur terrain s'ils n'avaient eu la certitude que cette autorisation
du gouvernement assurait la perpétuité de leur fondation.

DÉSAIGNES

La fabrique paroissiale de Désaignes avait reçu un
legs de M. Gailhard, chanoine de Valence, originaire de
la localité, le vieux château et ses dépendances, portés
au cadastre pour une superficie de 50 ares 5 centiares.

Le testament en date du 5 juillet 1819, est déposé en
l'étude de Mᵉ Montagne, notaire à Désaignes. La valeur
de l'immeuble est estimée à 7 ou 8.000 francs. M. le
chanoine Gailhard prescrivait d'employer le revenu
« *à faire apprendre à lire aux pauvres enfants que
désigneront MM. les curés eux seuls* »; il ajoutait :
« *Des appartements du château seront consacrés à
loger de pauvres gens qui, n'ayant pas de maison, ne
peuvent gagner pour payer leur loyer* ».

Il y a trois ans, le bureau de bienfaisance, composé
en majeure partie, comme le conseil municipal, de
protestants sectaires, essaya à l'instigation du maire de
s'emparer de cet immeuble. On plaida, et le bureau de
bienfaisance fut débouté de ses prétentions et condamné

à tous les frais; à la faveur de la législation nouvelle, il compte prendre sa revanche en se faisant attribuer le château et les jardins.

Les héritiers. M. Gailhard, avoué à Valence et M. Rémy Gailhard, a Désaignes eussent fait respecter les volontés de leur parent, mais ils ne le peuvent pas, devant les mesures exceptionnelles qui viennent d'être votées.

FELINES

Le 20 février 1843, un habitant de cette commune, Jean Pierre Poncet, faisait devant Mᵉ Escoffier, notaire, un testament par lequel il léguait 4.000 fr. à la fabrique, à charge d'entretenir une religieuse qui instruirait gratuitement la fille de la maison et 15 filles pauvres de la paroisse.

Ce legs servit à acquérir des rentes françaises pour la valeur annuelle de 114 francs; ils furent mis sous séquestre, par application de la nouvelle loi. Ils n'ont pas encore reçu d'attribution.

En sus de ce capital de 4.000 fr., la paroisse de Félines a été dépouillée d'une somme de 1960 fr. 95 qu'elle avait en caisse, par suite d'un procès gagné par elle peu de temps auparavant. Le 26 mai 1907, l'agent du fisc vint la saisir dans l'armoire fabricienne, après refus du trésorier de la lui livrer malgré des menaces réitérées.

C'est donc de près de 6.000 fr. que les catholiques de cette petite paroisse ont été spoliés contre tout droit et toute justice.

GROZON

La fabrique possédait trois petits immeubles qui ont été mis sous séquestre, et qui lui avaient été laissés par testament par M. Joseph Reynaud en 1856. L'acceptation avait été autorisée par décret impérial de 1859.

Ces immeubles d'un revenu de 150 fr. et d'une valeur approximative de 4 à 5.000 fr. consistaient en une maison, une pièce de terre labourable, et une autre terre avec pré.

La maison avaient été donnée à charge de servir de logement à une institutrice catholique, au choix du curé, et en cas d'empêchement le revenu devait servir à dire des messes aux intentions du testateur. La première terre était destinée à servir de jardin aux curés successifs, et la deuxième devait avoir son produit employé moitié en messe, moitié pour les frais du culte paroissial.

Il existe des héritiers directs, qui ont fait opposition au séquestre, mais le tribunal de Tournon a prétendu que leur action était prématurée et les a condamnés aux dépens. Ils se proposent de faire appel à Nîmes.

Le conseil municipal, qui est en majorité protestant, demande que ces biens soient attribués au bureau de bienfaisance ; il faut blâmer energiquement cette avidité sans scrupule, et louer l'énergie avec laquelle les hoirs Reynaud ont défendu les intentions de leur ascendant.

MARCOLS

Par son testament, Mme Blanc de la Blache, veuve de feu Jacques Sautel, sieur de Lafond, reçu Me Chabas, notaire à St-Pierreville en 1824, léguait aux pauvres de la paroisse les fruits et revenus du domaine possédé par elle à Blachon, pour être distribués chaque année par le desservant de Marcols et ses successeurs à perpétuité, lesquels seraient aidés par les membres de la fabrique, étant entendu que desservant et fabriciens seraient exécuteurs testamentaires pour l'administration et la gestion du domaine.

Sur les revenus, on devait prélever chaque année la rétribution de 12 messes pour le repos de l'âme de la défunte, plus vingt francs à employer pour l'entretien de l'église.

Malgré ces prescriptions, le gouvernement attribua le 16 mai 1827 le legs au bureau de bienfaisance ; celui-ci vendit la propriété et plaça le prix en rentes sur l'Etat, lui rapportant 1457 francs.

Contrairement à la volonté de Mme Blanc de la Blache, depuis longtemps les curés de St-Julien et leurs fabriciens ne distribuaient plus ces revenus aux pauvres, mais le bureau de bienfaisance continuait à donner chaque année au curé 20 francs pour son église et 15 francs pour honoraires de messe.

Depuis deux ans, sous prétexte de la loi de séparation le bureau ne donne plus rien, et le préfet de l'Ardèche vient de l'avertir officiellement qu'il était propriétaire de toute la rente de 1457 francs sans avoir à tenir compte de la volonté formelle de la testatrice, qui pour près de 1.500 francs de rente alloués au pauvres, demandait simplement les frais de service religieux représentant à peine la centième partie du don.

C'est un fait révoltant ; préfet et bureau de bienfaisance ne sont pas les seuls à blâmer ; les principaux coupables sont les députés et les sénateurs qui ont prescrit ces iniquités légales. Ce sont dans l'Ardèche MM. Astier et Bourély, Fougeyrol, Pradal et Boissy d'Anglas ; ce sont aussi les électeurs qui les ont nommés, leur permettant ainsi de violer le droit et la justice.

Mme de la Blache n'a pas d'héritiers directs ; mais en eut-elle même, qu'ils ne seraient admis à revendiquer que le capital représentant les 15 francs de messe, soit environ 300 francs, et le bureau de bienfaisance garderait une rente de 1.442 francs, soit un capital de près de 50.000 francs.

Voilà de quelle manière sont éxécutées par les ordres du Bloc les volontés dernières d'une généreuse donatrice.

MAUVES

Dans cette commune, les choses ont marché plus rapidement qu'ailleurs. Après avoir séquestré le modeste avoir de la paroisse, le gouvernement l'a dévolu tout entier au bureau de bienfaisance.

Les biens de l'église de Mauves comprenaient : 1º Une petite construction en ruine, sans valeur appréciable, dépendant de l'ancienne cure ; 2º un terrain de 3 ares 95 centiares, voisin de l'église, acquis en 1880 par la fabrique et estimé 300 fr. : 3º une somme de 700 fr. provenant d'un legs de Marie Anne Courbis en 1890, somme qui était payable seulement à la mort de son mari. Ce dernier étant décédé il y a 2 ans, c'est le séquestre qui a encaissé cette recette.

Il était pourtant spécifié dans le testament que cette somme serait remise au curé pour être employée à tels travaux de l'église qu'il jugerait à propos. On voit quel est le respect de nos législateurs et administrateurs pour les suprêmes volontés des défunts.

ROCHEPAULE

La seule propriété que possède la très catholique paroisse de Rochepaule est le jardin curial d'une super-

ficie de 8 ares 20 centiares au cadastre, que le gouvernement a fait mettre sous séquestre.

La valeur de cette parcelle est d'un millier de francs.
Un ancien curé de Rochepaule, l'abbé Balaïn, oncle de
Mgr Balaïn, créa ce jardin vers 1860. A son décès, il le
laissa à sa sœur, religieuse de St Joseph à St-Félicien,
laquelle en abandonna la jouissance au curé. Vu les
circonstances spéciales à cette propriété, il y a lieu
d'espérer que l'Etat sera dans l'impossibilité de s'en
saisir. Mais les considérations de droit et d'équité pèsent
si peu dans l'esprit de nos gouvernants qu'on ne saurait
malheureusement en être assuré.

ROIFFIEUX

Le conseil municipal de cette commune a refusé
énergiquement de profiter des dépouilles de la fabrique
qui consistaient dans une petite terre léguée à la paroisse
de Roiffieux en des circonstances touchantes par une
pauvre servante nommée Anne Grenouillat.

Le 10 juillet 1817, par testament reçu M⁰ Malgontier,
notaire à Annonay, elle déclarait *« donner et léguer à
perpétuité à ladite paroisse de Roiffieux, et au profit
du desservant d'icelle, la terre que j'ai, d'environ trois
quarteleis, acquise de mes deniers, bonifiée et plantée
de plusieurs jeunes arbres, située au terroir de la
Garde, sous la réserve expresse et fondation de 8 messes par an et à perpétuité pour le repos de mon âme et
de celle de mes parents, desquelles messes 4 seront
grandes et les autres pourront être basses. Cette terre
paraît être d'un revenu suffisant pour acquitter les
charges des messes dont elle est grevée. Elle pourra
être de quelque agrément au desservant de cette
paroisse ».*

A la mort de la pieuse domestique, la fabrique accepta
son legs le 3 novembre 1838, et le gouvernement de
Louis-Philippe donna son approbation le 20 janvier 1840.

SATILLIEU

Les biens mis sous séquestre dans la paroisse de
Satillieu sont :

1° Une maison d'habitation et 2 hectares 80 ares 62
centiares.

Voici l'origine de ces immeubles : M. Jacques Phi-
lippe Colomby, avocat et suppléant de la justice de paix

de Satillieu, donna par testament olographe du 3 juillet 1826 à M. le curé de Satillieu et à ses successeurs, une prairie et diverses terres qu'il avait achetées lui-même de la cure de Satillieu, pendant la Révolution, *à la charge de dire à perpétuité une messe par semaine pour le repos de son âme.*

Comme ces diverses propriétés étaient éloignées du chef-lieu, M. de La Valette, curé de la paroisse, échangea le tout contre le parc actuel de la cure ; cet échange fut approuvé le 11 novembre 1848.

La valeur en est actuellement de 18 à 20.000 francs.

Les fils du légataire universel, MM. Challéat ont intenté un procès en revendication devant le tribunal de Tournon, *mais il n'a pas été fait droit à leur demande.*

2º Par son testament, reçu Mᵉ Battandier, notaire à Satillieu, en 1867, Mˡˡᵉ Henriette Chareyron, supérieure de la congrégation de la Ste Vierge, donnait une maison valant environ 3.000 francs à la fabrique, *pour le logement du vicaire ;* il nous est impossible de donner la date de l'approbation gouvernementale, les registres de la fabrique étant entre les mains du séquestre.

De même que pour l'immeuble désigné plus haut, les héritiers en ligne directe de la donatrice, les consorts Bert, ont revendiqué cette maison ; *leur demande a été rejetée,* et ces deux immeubles vont être attribués au bureau de bienfaisance ; avons-nous raison de dire que les catholiques *sont mis hors la loi, ou plutôt qu'on fait des lois spéciales contre eux ?...*

SAINT-ANDÉOL-DE-FOURCHADES

La paroisse de St-Andéol possédait plusieurs biens qui ont été mis sous séquestre par ordre supérieur.

1º Une petite prairie, arrosée par une écluse, dont les curés de la paroisse jouissaient depuis fort longtemps, à l'exclusion de la commune et même de la paroisse. Les titres ont disparu dans un incendie qui dévora le presbytère en 1881, mais la possession de cet immeuble fut reconnue au desservant par un jugement du tribunal de Tournon, déboutant un sieur Blache du Cheylard qui y prétendait. Valeur 300 francs environ.

2º Le jardin du presbytère, bien de fabrique, formé de l'ancien jardin du curé, de celui du vicaire et de l'emplacement de la maison vicairiale brûlée autrefois. Vu sa fertilité et sa clôture, il peut valoir 600 francs.

3º Le jardin du Couvent et celui du clocheron, également à la fabrique, se touchant l'un l'autre, sont estimés ensemble 600 francs. Ces deux clos et le précédent ont perdu leur titre dans deux incendies successifs.

4º Une maison habitée par le clocheron, valeur 2.000 francs. Elle fut construite par le curé Cholvy, avec les deniers de la fabrique. Les titres sont à Viviers.

5º Une parcelle de 8 hectares, au lieu dit *Sous le Rocher*, que le curé Alézard céda le 4 juillet 1874 à M. l'abbé Varraud et à la fabrique, après l'avoir close, défrichée et ornée d'une petite chapelle; la valeur est de 1.000 à 1.100 francs.

Il convient d'ajouter que les curés, les fidèles et le conseil de fabrique de St-Andéol ont fourni de 1845 à 1908, pour la construction et les grosses réparations de l'église et du presbytère, des sommes considérables, dépassant certainement la valeur de ces immeubles. En bonne justice, en strict équité, église et cure devraient donc être regardées comme la propriété des catholiques de St-Andéol, et non pas celle de la commune et de l'Etat.

C'est donc par une ventable spoliation, que les terres ont été séquestrées et que les édifices du culte ont été enlevés aux fidèles.

SAINT-APOLINAIRE-DE-RIAS

Là fabrique de cette paroisse possède deux immeubles dont le Gouvernement vient d'ordonner le séquestre.

Le premier avait été acheté par Jacques Deloche à Jean Dejour et à Marie Lafaurie pour la somme de 790 francs et donné par l'acquéreur par acte passée chez M. Gential, notaire à Vernoux le 15 janvier 1843, pour profiter et servir a perpétuité leur desservant, quel qu'il soit, qui sera nommé à la cure de St-Apolinaire.

Le second lot a été acquis par Pierre Dupré à Jacques Cornet pour le prix de 660 francs. Ledit Dupré déclara. par acte de Mᵉ Mirabel, notaire à Chalancon, le 3 novembre 1859, en faire don à la commune pour l'établissement d'un presbytère catholique. Il était dit que ces immeubles (maison et jardin) serviraient à perpétuité dans leur entier pour le desservant à la paroisse, et que s'il arrivait qu'ils fussent distraits de cette destination en totalité ou en partie, ladite commune cesserait d'en être propriétaire, et qu'ils reviendraient de plein droit au desservant et à ses successeurs à perpétuité pour cette même fin.

En fait. la commune n'a jamais accepté le don de Pierre Dupré, et la fabrique paroissiale en a joui jusqu'à présent.

Ces deux lots étaient assurés actuellement pour une valeur totale de 3.000 francs. Les donateurs sont représentés par leurs fils, Jules Dupré et Marius Deloche.

Malgré les stipulations si expresses, des actes de donation, ces immeubles ont été mis sous séquestre, et il est question de les attribuer à la commune.

SAINT-CHRISTOL

En 1856, un terrain de 6 ares fut cédé à l'abbé Dussaud. ancien curé de Beauvène, par André Viallet (acte Tourasse, notaire au Cheylard). Le curé Dussaud fît construire sur cet emplacement l'église et le presbytère, dont il laissa la jouissance à la fabrique, mais sans titre légal de donation ; en sorte que ses héritiers les frères Dussaud, seraient fondés à en revendiquer la propriété.

La jouissance continue de la fabrique. l'acquittement par elle des impôts, le classement du terrain comme bien fabricien depuis 1872, l'inscription du presbytère comme bien communal depuis 1864, quelques légères réparations faites aux immeubles par la commune à diverses époques pourraient constituer des présomptions ; mais elles sont détruites par l'absence de tout titre régulier en faveur des autorités communales ou de la fabrique, et par les protestations formelles de l'abbé Dussaud, couchées dans les anciennes délibérations municipales.

Cette famille est donc fondée à réclamer comme sien le bien de son ascendant, bien auquel elle laisserait certainement sa destination primitive, menacée par l'administration qui veut s'en saisir pour l'affecter injustement à des usages étrangers au culte catholïque et contraires aux volontés de l'ancien curé de Beauvènes.

SAINT-CLÉMENT

La paroisse vient d'être spoliée par le séquestre administratif d'une propriété consistant en une prairie *de 652 toises carrées de 10 pieds de roi*, comme dit l'acte original, et d'un pacage mesurant 85 ares 75 centiares. La valeur de ces deux parcelles est d'environ 1.200 francs : 1.000 la première et 200 la seconde.

La possession de la prairie a une origine peu ordinaire. Elle fut donnée sous la Constituante au curé Arsac et à ses successeurs pour compléter le demi arpent de terrain que tout presbytère devait avoir comme dépendances, d'après la loi votée par cette assemblée.

Procès-verbal fut fait par Me Champavère, expert géomètre, commis à l'estimation des biens nationaux du canton de Saint-Agrève et àla démarcation du demi arpent pour le jardin de chaque curé.

L'expert règle aussi les droits d'irrigation de la prairie curiale et termine en ces termes :

De tout quoi avons autant qu'il est en nous mis en possession ledit sieur curé pour pouvoir par lui et ses successeurs en jouir ainsi que de droit, et avons dressé le présent procès-verbal le jour et an que dessus, et nous nous sommes signés...

Ainsi c'est la Révolution qui avait donné cette propriété à la cure de St-Clément, et le Bloc de 1907 l'en a dépouillée. Voilà certes un fait qui n'est pas banal.

Quant au petit pacage, il a une origine différente et beaucoup plus récente, mais également fort curieuse.

En 1894, les habitants de St-Clément et de Rochesson partagèrent entre eux un terrain indivis dans lequel la cure se trouvait comprise, et ils firent d'un commun accord un lot pour le curé ; trait des plus honorables en faveur de ces braves gens.

Les deux lots de 1791 et de 1894 étaient affectés à l'entretien du clergé et au service du culte d'une façon générales, sans charges particulières. Le Gouvernement après les avoir saisis, se propose de les attribuer au bureau de bienfaisance, c'est à dire d'en changer complétement la possession et la destination : double injustice contre laquelle tous les honnêtes gens protestent.

SAINT-FÉLICIEN

La fabrique catholique, a été spoliée par voie de séquestre de 607 francs de rente française soit un capital de 20.000 francs à peu près.

Ces 607 francs de rente étaient divisés en 6 titres, respectueusement de 65 fr., 17 fr., 18 fr., 364 fr., 64 fr. et 79 fr.

Le titre de 65 fr. provient d'un acte de 1572, reçu M° Asclard notaire d'Annonay, par lequel un nommé Autemard donnait à l'église de St-Félicien un revenu annuel et perpétuel, consistant en denrées, afin d'entretenir un prêtre portant le nom de *Matinier*, revenu hypothéqué sur des vignes appartenant audit Autemand.

Les 17 et 18 fr. de rente ont la même origine. Les 364 francs proviennent d'un legs de 18.000 francs de M. Antonin de Lavalette.

Le testament fut attaqué par les héritiers naturels et après de longues procédures le tribunal de Tournon par jugement de 1859, réduisit le legs à 8.000 francs, qui servirent à acquérir en 1867, 364 fr. de rente, affectés au traitement d'un second vicaire.

Les 64 fr. du 5° titre ont pour origine un testament de 1525 par lequel Artaud dit Gaillard fondait une messe par semaine, à dire dans l'église de St-Félicien, Chapelle de Ste-Barbe, en l'honneur des cinq plaies de N.-S.

Cette somme relativement considérable a été mise sous séquestre, et l'Etat cherchera sans doute à l'attribuer au Bureau de Bienfaisance ; mais la population et le Conseil municipal tiendront sûrement à honneur de refuser ce bien mal acquis.

SAINT-FÉLIX-DE-CHATEAUNEUF

Les possessions de cette paroisse consistaient en une petite construction, de la valeur approximative de 1000 francs, servant de sacristie et d'annexe au presbytère.

Cette petite maison avait été donnée à la fabrique par M. le D' Grévin, le 2 juin 1850, par un acte privé signé de lui et des fabriciens acceptant. Cette donation fut confirmée et régularisée par son gendre M. Sentenat, *par acte notarié passé le 20 janvier 1879 en l'étude de M° Servonet, de Vernoux.*

MM. Grévin et Sentenat destinaient cette construction, d'après les teneurs des actes, *à servir de sacristie, de chapelle ou d'appartement supplémentaire pour le curé de la paroisse.* L'approbation gouvernementale a été donnée en son temps.

Le donateur a laissé deux filles qui se proposent de rrvendiquer le bien, mis sous séquestre par l'Etat, et qui auront sûrement gain de cause s'il y a encore des juges dans notre pays.

SAINT-JEURE-D'ANDAURE

Cette commune et son conseil municipal sont en majorité protestants ; les catholiques y sont de longue date traités en îlôtes.

La petite paroisse de cette localité possédait deux immeubles.

Le premier était une petite terre de 21 ares 50 centiares, d'assez faible valeur, appartenant à la fabrique depuis une époque inconnue, et dont les curés successifs avaient eu sans opposition la jouissance exclusive. Les charges de cet immeuble comme son origine, n'avaient laissé aucune trace dans les archives locales.

Venaient ensuite une maison et une terre formant ensemble 35 ares environ, où était installée l'école catholique libre. Un laïque dévoué, nommé Joseph Charre avait acheté ce bien 1.500 fr., avec le produit de quêtes faites par lui, et pour le Compte de la fabrique. L'acte passé le 25 juillet 1847 chez M⁰ Gaude notaire à Roche-paule stipulait *que la maison et le clos serviraient pour une école chrétienne catholique, donnant l'éducation aux enfants du culte catholique de la Commune de St-Jeure.*

Ces deux lots ont été séquestrés. Le premier a été loué par le séquestre au curé ; le second n'a pas encore reçu d'attribution. Le Conseil municipal protestant n'a pas de plus vif désir — il ne s'en cache point — que de s'emparer de ces biens.

SAINT-JULIEN-BOUTIÈRES

Cette paroisse possédait une maison avec terrain de 4 ares 11 centiares, estimé 7.000 francs environ acheté par la fabrique le 28 octobre 1841, au moyen de divers dons recueillis par les fabriciens et le curé.

L'approbation gouvernementale n'a pas été demandée ; la prescription et l'usage sont, avec acte notarié reçu M⁰ Chamy notaire, les titres de possession de la fabrique.

Néanmoins, la maison a été séquestrée, puis dévolution en a été faite à la commune ; le Conseil municipal l'a accepté, *s'appropriant ainsi sans scrupule le bien d'autrui.*

SAINT-MICHEL-D'AURANCE

L'avoir de la fabrique paroissiale consistait en deux rentes, savoir :

1° Une rente française de 7 francs, primitivement de 15 francs et réduit à ce taux par diverses conversions.

2° Une rente de 20 fr. hypothéquée sur une terre appelée Ladreyts, et non rachetée jusqu'ici ; capital 470 f.

Ces deux revenus avaient été donnés à la fabrique par M. de Contagnet, chanoine à Viviers.

Le fisc s'est emparé de ces titres par voie de séquestre.

La violation des volontés du donateur est évidente ; et la loi d'exception enlève tout recours légal à ses héritiers pour la faire respecter.

SAINT-VICTOR

Mme Marguerite Closes, demeurant à Annonay, avait par testament olographe du 2 janvier 1833 donné à la fabrique catholique de Saint-Victor un pré valant actuellement 2.000 francs et rapportant 70 francs par an.

Le testament avait été reçu le 3 septembre 1833 par Me Soubeyran, président du tribunal civil de Tournon, puis le 8 septembre 1833, déposé par le sieur Joseph Sozet, adjoint de St-Victor, chez Me Gamond, notaire à St-Victor. Mme Clozes avait mis comme conditions à ce don de *dire pour elle 100 messes l'année de sa mort* ; par ordonnance royale du 18 juin 1835, la fabrique avait été autorisée à accepter cette donation.

Elle était donc propriétaire de ce pré, aussi régulièrement et légalement que n'importe quel propriétaire français.

Mme Clozes lui avait donné ce bien afin que les revenus servent au curé pour ses œuvres et pour le culte.

Ses volontés dernières ne seront plus respectées, la commune va devenir propriétaire du bien et pourra, suivant les opinions religieuses de son conseil municipal, se servir des revenus pour ou contre la religion catholique.

TOURNON

La fabrique a été dépouillée d'un revenu de 286 fr. de rente en fond d'Etat français, représentant en capital plus de 9.000 francs.

Cette somme, de date récente, provenait de plusieurs dons successifs faits à la paroisse par testament. 220 fr. de rente avait été légués par Mlle Marie Luyton, morte à Tournon en 1885 ; 35 fr. par Mlle de Tournon Simiane, décédée à Paris ; 19 fr. par M. Mure, célibataire, mort àTournon en 1886 ; 12 fr. enfin laissés en 1898 par M^m V^re Graillat, de Tournon.

Ces dsipositions testamentaires et l'emploi des fonds avaient été approuvés en leur temps par les autorités administrarives.

Quand aux charges, le legs de Mlle Luyton devait être affecté à des prédications extraordinaires dans l'église paroissiale ; les autres legs avaient été faits pour lss besoins du culte, sans affectation spéciale.

Ces bienfaiteurs n'ont laissé que des héritiers collatéraux, neveux, nièces ou cousins. Il est donc à craindre que tout moyen légal de défense contre cette odieuse spoliation fasse défaut.

Le séquestre a pratiqué la saisie des titres de rente dans la caisse paroissiale, mais aucune mesure n'a été prise encore pour la dévolution. On pense que la Préfecture attribuera cette somme à l'hospice de Tournon.

VOCANCE

Le conseil municipal et le bureau de bienfaisance de Vocance, comme tant d'autres dans l'Ardèche, se sont honorés en refusant une maison et un jardin de la valeur approximative de 700 fr. qui appartenaient à la fabrique depuis 150 ans, comme en font foi deux actes notariés, l'un du 25 avril 1778, l'autre du 28 octobre 1760.

D'autres pièces établissent que, même sous la Révolution. ces biens n'avaient pas été enlevés aux catholiques.

Aujourd'hui le gouvernement prend les biens des communautés ou des paroisses pour les donner à d'autres associations ; qui l'empêchera demain d'enlever leurs biens à Pierre et à Paul pour les donner à Jacques et à Jean ? Ce ne serait pas plus injuste, et les socialistes ne se gênent pas pour nous avertir que c'est là qu'ils en veulent arriver.

CONCLUSION

Les lecteurs qui auront eu la patience de suivre jusqu'au bout ce relevé incomplet et sommaire de la spoliation de nos paroisses éprouveront sans doute les impressions que nous avons nous-mêmes ressenties en le dressant.

Ils auront été touchés certainement de voir combien, sur tous les points du territoire, à chaque époque et dans chaque condition sociale, il s'est trouvé de braves gens qui ont fait effort et sacrifice pour assurer le fonctionnement du culte paroissial. Avant la Révolution comme après, sous le premier Empire et la Restauration, comme sous Louis-Philippe, Napoléon III ou la République, de pieuses filles, des familles aristocratiques ou bourgeoises, d'humbles paysans, des servantes, des ouvriers et ouvrières, des ecclésiastiques placés à tous les degrés de la hiérarchie ont disposé de leur avoir, par donation ou par testament, pour s'assurer des prières après leur mort, pour embellir le sanctuaire où ils s'étaient agenouillés, pour faciliter à leurs compatriotes l'accomplissement des devoirs religieux et les affermir dans la foi et la piété.

Et tous ces donateurs, tous ces testateurs l'ont fait en se conformant aux lois de leur pays, en sollicitant et en obtenant la garantie du gouvernement légal quel qu'il fût, pour leurs libéralités. Ils sont morts pleins de confiance en se disant chacun : « *Je suis en règle ; à jamais ma paroisse jouira de la modeste offrande que je lui laisse* ».

Ils avaient oublié une chose dans leurs prévisions, tous ces gens de bien ; la haine des sectaires contre l'Eglise, la mauvaise foi des uns, la lâche complicité des autres, aboutissant à la banqueroute la plus odieuse, à la violation la plus cynique des engagements pris par l'Etat.

Ils n'avaient pas escompté la domination momentanée d'hommes qui ne respectent rien de ce qu'il y a de plus sacré en ce monde : la volonté suprême des mourants, le droit de chacun sur les biens légitimement acquis par son travail ou celui de ces ancêtres, la fidélité à la parole donnée par les pouvoirs publics. Ce qu'ils n'avaient ni prévu ni soupçonné, nous le voyons s'accomplir aujourd'hui.

Il n'est pas nécessaire d'être croyant pour se sentir révolté par de semblables pratiques officielles. Il suffit d'un peu d'honnêteté, de quelque prévoyance. Que deviendront en effet, dans un avenir prochain, la liberté, la propriété, la moralité publique, s'il est permis de prendre impunément le bien d'autrui pour l'affecter à tel emploi laissé à l'arbitraire gouvernemental, s'il est admis que l'on peut déchirer des contrats solennels, revêtus d'une double sanction : l'expresse volonté des contractants et la garantie formelle des autorités légalement constitués?

Ce n'est pas la religion seulement qui est ainsi sapée dans ses bases, c'est l'ordre social. Il n'y aura plus désormais d'héritage assuré ni de propriété certaine, si de telles violations du droit et de la justice sont tolérées par l'opinion française.

Que ceux qui auront lu ces pages se le disent donc bien, la responsabilité de ces crimes ne pèse pas seulement sur leurs auteurs directs, les députés, sénateurs qui ont voté ces lois spoliatrices, les ministres, préfets et fonctionnaires qui les ont appliquées. Ceux-là auront aussi à en répondre devant Dieu et devant les hommes qui, grands ou petits, auront concouru par leurs votes, par leurs abstention, par leur indifférence, à l'accomplissement de pareils attentats.

Quiconque vote pour un député, pour une liste municipale, pour un Maire ou un Conseiller général ayant trempé dans les lois spoliatrices de l'Eglise et dans leur application ; quiconque adhère à un Comité inscrivant ses lois dans son programme ; quiconque prête son appui à un journal faisant l'apologie de ces mesures, celui-là renie sa foi de catholique, sa probité d'honnête homme, sa qualité de bon Français ; la responsabilité pleine et entière des attentats accomplis et à accomplir pésera sur sa tête.

Que chaque Ardéchois médite dans sa conscience ces graves pensées; il reconnaîtra que nous avons raison, et nous ne doutons pas qu'ayant compris son devoir, il le remplisse énergiquement jusqu'au bout.

o °o

On dira peut-être : ces mesures sont rigoureuses, excessives mêmes si l'on veut, mais c'est la loi. Les catholiques subissent la règle commune ; elle est dure sans doute, mais tous les Français y sont assujettis comme eux. — Cela n'est pas vrai.

La tyrannie est toujours tyrannie, et l'injustice injustice, alors même qu'elles pèseraient parcellement sur tout le monde. Ici toutefois il n'y a pas même cette excuse à invoquer. Les catholiques sont soumis à un *régime d'exception* que l'on a su épargner aux autres dénominations philosophiques ou religieuses : Juifs, Protestants et Francs-Maçons.

Laissons de côté les Israélites, qui n'ont pas de communautés dans l'Ardèche; envisageons simplement les Loges Maçonniques et les églises réformées qui sont au contraire représentées dans notre département. Que voyons-nous ?

Les Loges Maçonniques d'Aubenas et d'Annonay ont-elles étaient gênées dans les manifestations et les cérémonies auxquelles elles se livrent ? Ont-elles eu à subir les inventaires de leur mobilier ? Ont-elles été dépossédées de leurs revenus et de leurs immeubles ? Nullement. Les pouvoirs publics les ont laissées entièrement libres, et elles sont restées propriétaires de tout ce qu'elles possédaient légalement ou non.

Les Protestants ont été traités de même. Leurs églises ont bénéficié de la reconnaissance officielle ; leurs établissements de bienfaisance leur restent. Il ont en toute facilité pour constituer des associations charitables auxquelles ont été dévolus leurs biens de leurs conseils presbytéraux et de leurs consistoires portant charge d'assistance. Leurs écoles fonctionnent comme auparavant. Leurs temples et leurs presbytères leur restent à titre de propriétés incontestées.

Que l'on compare ce régime avec celui qui a été appliqué aux congrégations catholiques, aux établissements catholiques d'enseignement et de bienfaisance, aux paroisses catholiques, et qu'après cela on nous dise si l'égalité a été respectée par nos gouvernants.

On nous dira que Maçons *et* Protestants ont accepté la loi de séparation, tandis que les catholiques se révoltaient contre elles ; que c'est pour ce motif que les premiers ont été traités en amis, les seconds en adversaires et en insurgés. Vaine défaite! Est-ce que la loi sur les congrégations n'a pas précédé la loi de Séparation ?... Est-ce que la loi de Séparation n'a pas été libellée de façon à être inacceptable pour les catholiques, tandis qu'elle respectait les principes du Protestantisme ? Est-ce qu'il n'aurait pas été facile d'avoir l'adhésion des catholiques, en respectant les droits de leur hiérarchie et la Constitution de leur Eglise, comme on l'a fait dans les autres pays, aux Etats-Unis, par exemple.

Nous voulons, nous, la liberté pour tous, pour les catholiques comme pour les Protestants ; eux, au contraire, trouvent pour la plupart fort bien que l'Etat renouvelle contre nous les pires mesures mesures prises jadis contre eux. Les quelques voix généreuses qui se sont élevées parmi les notabilités Protestantes, contre les traitements odieux que nous subissons, n'ont eu aucun écho dans l'Ardèche. Au contraire, c'est parmi les Protestants que les catholiques Ardéchois trouvent leurs avocats les plus obtinés de la persécution religieuse.

SYLVESTRE

Viviers. — Imp. J. Bourg

www.ingramcontent.com/pod-product-compliance
Ingram Content Group UK Ltd.
Pitfield, Milton Keynes, MK11 3LW, UK
UKHW021439090726
13657UKWH00003B/1156